LE CIEL
POUR MÉMOIRE

Du même auteur

La Montée des eaux
Seuil, 2003

THOMAS B. REVERDY

LE CIEL POUR MÉMOIRE

roman

ÉDITIONS DU SEUIL
27, rue Jacob, Paris VIe

ISBN : 2-02-079883-2

www.seuil.com

Première partie

Il se demandait pourquoi, dans le premier des livres que contient la Bible, il semble à plusieurs reprises que Dieu se soit trompé dans sa création, et détruise tout, et recommence, il se demandait pourquoi et, cependant, c'était sur le point de lui arriver aussi. Un ami de Paris lui avait envoyé cette nouvelle traduction qui faisait, en France, beaucoup parler d'elle, disait-il. Deux semaines qu'il la lisait, le soir, par bribes, deux semaines et il n'en était qu'au premier livre. Son ami en avait profité pour lui donner des nouvelles des proches. À propos de la Bible il lui avait écrit qu'il fallait essayer de la lire en une fois, dans la continuité, tous les livres à la suite parce qu'ils racontaient, non pas la même histoire, mais les histoires d'une même alliance, c'était ses mots, des histoires d'hommes qui cherchaient Dieu, sur des générations, pendant des siècles, c'est ce qu'il avait écrit dans sa lettre, et aussi que « Bible » ne voulait pas dire livre, mais bibliothèque, ce qui ne semblait pas très encourageant à Guillaume, quant à ce qui était de se l'avaler d'un coup. Deux semaines, qu'il la lisait tous les soirs, et d'ailleurs il n'en était qu'au premier livre... Il y avait eu le jardin d'Éden et l'Exil, le Déluge, la destruction de Sodome et Gomorrhe, la diaspora d'après la tour de Babel et, en moins de quinze jours, on avait l'impression que Dieu le Père s'était trompé quatre fois, avait dû détruire sa création, et la refaire, on avait l'impression d'une expérience foireuse, et d'un savant de science-fiction. Guillaume s'obstinait à lire, soir après soir, mais de toute évidence il ne comprenait pas tout. Il était dans le métro, aérien depuis un bon moment, et regardait défiler le front de mer, les quais, les entrepôts et les petites maisons carrées, se disant qu'il ne pourrait pas la lire ce soir, songeant peut-être que ça finirait comme ça, par lassitude et par manque de temps, et qu'après tout ça ne lui avait pas manqué jusque-là. Guillaume pensait peut-être qu'il avait d'autres chats à fouetter, et pour ce soir-là c'était vrai.

Au loin de grands paquebots semblaient immobiles comme des gratte-ciel couchés, qu'on aurait envoyés coloniser la mer, au loin les paquebots étendaient la ville jusqu'à l'horizon.

Depuis quelques stations il était seul dans la rame aussi rutilante que vétuste, banquettes en plastique, barres chromées, sortie de l'Amérique des années cinquante comme le parc d'attractions de Coney Island, au bout du bout de Brooklyn, vers lequel il se dirigeait seul. Au fil du trajet les yuppies, les Portoricains, les juifs, les Pakistanais étaient descendus, selon un ordre précis, les Noirs tout le long, les Russes à la fin, et enfin il ne restait plus que lui. La station du parc arrivait après une longue courbe qui dominait le quartier, plus haute que les immeubles ici en brique, plus haute même que la grande roue et le circuit de looping, une courbe qui découvrait tout à coup le coucher du soleil sur l'océan étale, et Guillaume s'était levé pour le voir, le coucher du soleil et ses couleurs irréelles, sur un ciel bien trop pâle, ses couleurs vives de poster bon marché, d'illustration à l'aérographe pour une publicité de maison ou une image érotique, les teintes sanguines coulant sur l'océan gris, écrasant les vagues, noyant les bateaux dans son contre-jour, consumant les immeubles, se propageant comme une lave ou une nappe de feu grégeois, un incendie de station à essence gagnant la ville, ses couleurs inouïes posées dans le fond de ses yeux noirs comme, en apothéose, la destruction de cette ville qu'il avait tant aimée, dans ces couleurs de pollution et de fin du monde.

Au loin les grands paquebots semblaient des copeaux de cendres ballottés par une mer de braises.

Guillaume se tenait debout devant une porte du wagon, sur la gauche dans le sens de la marche, du côté où il faudrait descendre, au dernier arrêt, après la lente courbe surplombant le parc et la mer, face à l'ouest embrasé, regardant disparaître les contours du monde dans le contraste fou du couchant, plissant les yeux, retroussant les lèvres et le nez pour faire remonter ses pommettes, fronçant les sourcils, immobile, d'une main s'agrippant à la barre verticale plantée entre les rangées de sièges, l'autre main comme en suspens, quelque part entre la poche de sa veste et son visage, flottant dans les petites secousses que donnait la rame à cette allure réduite, oscillant légèrement, parfois, d'avant en arrière, de la pointe au talon de ses chaussures en cuir souple, faisant tressaillir imperceptiblement ses mollets, tendu comme relié, par le regard, à l'univers moribond de cette fin de journée sur l'océan, sachant que bientôt les lumières de la ville prendraient le relais du soleil, et qu'il savourait là une sorte de trêve, d'ailleurs c'était pour cela qu'il était arrivé en avance. Il se tenait debout, fermant presque les yeux, se servant de ses cils comme de persiennes arabes, immobile ou presque, regardant se dérouler, à la vitesse ralentie du métro parvenu en fin de course, le bouquet final du jour, tentant de fixer le scintillement des flots, reconstituant le cercle de la grande roue dont le sommet se dessinait en pointillés, apercevant telles des masses sombres indistinctes les toits des salles de jeu, des buvettes, et la plage en contrebas se confondant avec la mer ; s'aveuglant à détailler la forme des nuages bas et filandreux qui traînaient encore au-delà de l'horizon ; s'aveuglant à reconnaître des bateaux, parfois de longs paquebots, précaires, rognés par le contraste que leur offrait la lumière ; s'aveuglant, plissant les yeux davantage, montrant les dents.

S'enrageant à vouloir continuer de voir.

Sur la vitre qui lui faisait face, à la hauteur d'un marteau rouge présenté comme en vitrine, à côté de la porte, se superposant exactement à la ligne de l'horizon brûlant et venant la troubler, l'ombrer en quelque sorte à cause du problème de focalisation que cela posait à l'œil, il y avait écrit – mais on ne le devinait qu'au prix de revenir à la grisaille du wagon de métro –, sa simple présence forçant pourtant le regard à cette gymnastique inconfortable, il y avait écrit *Emergency Exit*, et, contemplant l'océan incendié au loin et le parc d'attractions à ses pieds, Guillaume trouvait, peut-être, que ce n'était pas faux. C'est pour cela, sans doute, qu'il était arrivé si tôt.

Il n'y avait personne sur le quai lorsqu'il descendit, hormis deux employés à gilet vert, armés chacun d'un seau en plastique dont dépassait un manche, qui s'engouffrèrent dans le wagon de tête pour le nettoyer, forcément à moitié, se dit-il, puisqu'ils n'auraient pas le temps de faire toute la rame. Il demeura un instant à les observer, le pas suspendu au-dessus des premières marches de l'escalier qui menait à la sortie, mais détourna le regard quand l'un d'entre eux, grand Noir voûté par la fatigue de deux ou trois boulots, comme c'était souvent le cas à New York, le dévisagea à son tour. Le type avait la barbe clairsemée, poivre et sel, et un bonnet de laine qu'il portait sans doute tout le jour, malgré la chaleur ; il avait les yeux légèrement vitreux d'un début de cataracte ; de son gilet, seul uniforme, sortaient les manches larges et souples d'un sweat-shirt délavé qui devait lui servir de blouson et, au bout, des mains calleuses presque blanches, comme striées, gravées, des mains bouffées par la javel ou le ciment ; le type le regarda quelques secondes peut-être, et se remit à frotter sans entrain le sol crasseux du wagon, puis Guillaume descendit l'escalier, vers la station et la sortie.

Dans la rue la chaleur l'écrasa, comme si le bitume, sentant venir le soir, dégorgeait le soleil dont il s'était gonflé toute la journée. Flanquée au milieu d'un large boulevard, la station de Coney Island pouvait faire penser à la ligne aérienne du XVe arrondissement, à Paris, quelque chose comme La Motte-Picquet-Grenelle transplantée sur une avenue large comme un périphérique, au milieu d'une friche urbaine qui avait dû passer les cinquante dernières années à se délabrer peu à peu. Sous le viaduc de béton et d'acier, trois ou quatre abris de fortune en planches servaient d'échoppes à des sortes de ferrailleurs qui revendaient là de vieux postes de radio, des blousons militaires et des boules à neige. Les vendeurs ressemblaient à des gitans, installés sur une brocante de province, et l'on avait du mal à comprendre à quel moment et pourquoi ils avaient pu traverser l'Atlantique. Sans doute avaient-ils grandi ici, ne le savaient-ils pas eux-mêmes.

Guillaume ne pensa pas à tout cela, passa devant eux sans les regarder, sortit sur la rue inondée de soleil, se cacha les yeux du dos de la main le temps qu'ils s'habituent, demeura ainsi en arrêt, une bonne minute, en face de l'énorme devanture de chez Nathan's, les inventeurs du hot-dog. Il était difficile d'imaginer que cet entrepôt garni de pancartes jaune et rouge fût effectivement une institution connue, à New York et aux États-Unis. Inventer le hot-dog, ce n'était pas comme inventer le hamburger, mais c'était déjà pas mal. Cela ne voulait pourtant rien dire, pour un Français : on ne pouvait pas se représenter, quelque part en province, dans une ville de garnison ou un bassin industriel vaguement sinistré, une gigantesque brasserie qui prétendrait avoir inventé la blanquette de veau, et encore est-ce incomparable, mais on ne pourrait même pas imaginer, disons dans cette brasserie, un serveur plantant un coude dans le zinc pour avancer vers vous sa tête un peu drôle, ne vous regardant cependant pas dans les yeux mais de travers, de trois quarts, comme pour que les autres ne remarquent pas qu'il vous parle, comme s'il vous confiait un secret, ou pas un secret vraiment, mais un tuyau, un truc qu'il ne dit qu'aux bons clients, presque des copains, et vous lâchant quelque chose du genre Essaie le jambon beurre, c'est nous qui l'avons inventé. Guillaume souriait en pensant que c'était ce que les Américains appelaient notre snobisme. Sa main fouilla quelques instants la poche de sa veste et en retira une cigarette légère, au filtre blanc, que les parents de Kim leur envoyaient de Quaker Town, dans l'État de Pennsylvanie, où les taxes étaient moins exorbitantes qu'à New York. Il souriait en tirant sur le clope, plus par habitude que par goût, considérant la façade aux pancartes jaune et rouge qui lui masquait désormais la mer, détaillant les inscriptions, se demandant s'il fallait les prendre au sérieux, des trucs comme les meilleurs hot-dogs du monde depuis 1916, le plus vieux fast-food de la côte Est, etc., clignant des yeux dans le contre-jour et lisant les placards tape-à-l'œil en s'interrogeant, peut-être, sur ce qu'ils supposaient, à savoir qu'on pût effectivement faire la différence, au goût, entre deux saucisses de porc aux hormones à vingt-cinq pour cent de matière grasse, serrées dans du pain blanc industriel, bavant le ketchup et la moutarde douce, pensant à cela par une sorte de réflexe culturel que là-bas on appelait son snobisme et que, parce qu'il était français, on trouvait à la fois charmant et horripilant. Comme beaucoup d'habitants du Vieux Continent il considérait les États-Unis tel un adolescent poussé trop vite, à la vitalité irréfléchie et gaspilleuse, mais comme beaucoup d'immigrants cette force le faisait rêver. Il y avait quelque chose, dans l'inculture et le pragmatisme de cette nation, qui forçait à la fois l'admiration et le mépris.

Et puis il y avait Kim, qui s'appelait en réalité Kimberly, et qu'il avait rencontrée à Paris quelques années plus tôt.

Nous étions alors inséparables.

Je me souviens d'eux débarquant, parce qu'il voulait me la présenter, à la terrasse d'un bar où j'allais souvent, avant que la nuit ne tombât, s'avançant depuis l'autre bout de la place où nous nous étions repérés de loin, obligés cependant de la contourner, d'attendre pour traverser chaque rue, et il y en avait trois, que le feu passe au rouge, que les voitures s'arrêtent, gesticulant alors et trépignant de devoir retarder le moment de se retrouver, lui, hilare, me faisant de grands signes auxquels je répondais en me levant de table, essayant de la détailler, elle, avant qu'elle ne fût trop proche et que cela ne devînt impoli, jolie petite blonde qui s'appelait encore Kimberly. Nous parlions fort et trop vite de mon large sac de sport, le même depuis des années, dans lequel je mettais mon linge à laver et qui était devenu entre nous un sujet de blague. Nous passions en revue les bars que nous connaissions, cherchant celui qui conviendrait ce soir-là, et sans doute tout cela devait effrayer quelque peu la jeune femme, qui nous observait, muette. Je me souviens que nous avions bu des mauresques. En ce temps-là nous en prenions souvent, en terrasse car il faisait beau. Il devait bien y avoir des hivers aussi, mais je ne m'en souviens pas, les hivers sont venus après. Guillaume avait les joues mangées de barbe bleue et des cheveux épais qui lui cinglaient le visage, avec toujours cette même coupe au bol un peu ridicule mais qui finissait par lui bien aller, la même que lorsque je l'avais connu des années auparavant, la même que ce soir de laverie automatique et d'anisette lorsqu'il me l'avait présentée, toujours la même coupe, en face du roi de la saucisse, des années plus tard, se couvrant les yeux du dos de la main, fumant rapidement, oscillant dans l'univers à la dérive d'un soleil se couchant sur Brooklyn.

Il écrasa sa cigarette, la laissant tomber devant lui et se contentant de marcher dessus pour l'éteindre, dans la continuité de sa foulée, d'un geste devenu naturel avec les années, passant ensuite le seuil du plus grand fast-food de New York, décidé à goûter le plus vieux hot-dog du monde.

La serveuse lui sourit en lui rendant la monnaie et, chose ici inhabituelle, elle le regarda dans les yeux comme si elle avait remarqué que c'était un homme plutôt séduisant. Elle était portoricaine et ne devait pas avoir plus de vingt ans, assez jolie, mais promettait de se faner rapidement si personne ne venait la tirer de là, de sa vie de serveuse à quatre dollars de l'heure, de l'appartement trop petit qu'elle partageait avec son fils de trois ans, le père envoyé en prison, quelques mois auparavant, lui laissant un baiser comme s'il se fût agi d'un départ pour le service militaire, Je serai de retour bientôt, Occupe-toi bien du petit, et puis plus de nouvelles et le boulot au fast-food ayant repris, elle n'en avait pas parlé à son patron, se portant volontaire pour des heures supplémentaires seulement un peu plus qu'avant, souriant toujours, ce qui commençait à lui faire des plis sous les yeux dans la fatigue des cernes, aux touristes américains venus là pour le parc d'attractions et la plage, leur souriant, surtout aux hommes, se disant il y en a encore qui viennent manger des hot-dogs à Coney Island, se promener, regarder la mer, sortir même en famille le week-end, il y en a encore, des hommes qui ne sont pas en prison, et les regardant avec envie comme Guillaume ce soir-là, puis se saisissant d'un torchon humide, nettoyant sur le comptoir une tache imaginaire, ne pensant plus à rien et perdant son sourire. Guillaume, lui, ne l'observait pas précisément, il regardait dans le vague, se demandait s'il allait terminer son hot-dog qui, décidément, ne lui paraissait pas meilleur qu'un autre, commençant à songer qu'il n'avait pas réellement faim, debout près de la baie vitrée donnant sur la rue, le regard perdu loin au-delà de la station de métro, sa moitié de sandwich commençant à fondre dans sa main droite, la moutarde jaune vif et le ketchup, dont les couleurs rappelaient celles de l'enseigne, coulant le long du papier sulfurisé blanc sale, le marbrant étrangement et menaçant de s'en échapper vers sa main, Guillaume, revenant alors à lui, se dirigeant vers la sortie, jeta ce qui lui restait de papier taché, de pain, de sauce et de saucisse dans la large poubelle qui, près de la porte, semblait attendre, tout le jour, une bonne moitié de ce qui sortait des cuisines, meilleur hot-dog du monde ou pas, pensa-t-il, et sortant de nouveau dans cette partie du boulevard autrefois le plus chic de Brooklyn, il se frotta les mains comme pour en effacer une tache imaginaire, suivi un instant du regard par la serveuse qui suspendit le va-et-vient de son torchon, se demandant, elle, s'il allait répondre à son au revoir trop timide, tardif ; et puis il avait disparu dans la lumière orangée du trottoir. Il avait autre chose à faire. Encore un peu de temps à tuer, à visiter le parc.

Le parc d'attractions de Coney Island. L'aquarium de Brooklyn plus loin, et comme cela jusqu'à Brighton Beach et le quartier des nouveaux Russes, au bout de Coney Island Avenue, au bout du front de mer jusqu'à ce que la nuit tombe.

Au bout de la ville. Avenue Z, la dernière.

Mais il ne la prit pas encore, entra dans le parc, mit sa veste sur son bras qu'il garda plié comme un serveur de brasserie, comme un torchon, parce qu'il faisait encore chaud, et s'approcha de la grande roue.

Partout il y avait des panneaux de bois, peints de couleurs criardes, qui vantaient les manèges, expliquant leur hauteur, cinquante mètres c'était, paraît-il, la plus grande des grandes roues du monde, évidemment ; les panneaux retraçant l'histoire de la construction du parc, pendant la Première Guerre mondiale dont ils ne faisaient aucune mention, dans les années 1916, 1918, pendant Verdun donc, les tranchées, les champs de baïonnettes tels des socs à l'envers figés labourant l'air, que Guillaume était allé voir, petit, quand il était à l'école. Le voyage incluait aussi la visite d'un mémorial et plusieurs monuments aux morts, érigés par la patrie reconnaissante comme le Panthéon à Paris, mais pour des hommes moins grands. Chaque écolier avait été invité par le maître à chercher sur le mur son propre nom parce que, des noms de famille, il n'y en a pas une infinité et que ce n'est pas rare de reconnaître le sien sur ce genre de mur de mémorial, affublé d'un vieux prénom comme Ulysse ou Léon, sans savoir d'ailleurs s'il s'agit d'un ancêtre. Guillaume ne comprenait pas, devant les panneaux qui faisaient plus penser à un musée qu'à une fête foraine, il ne comprenait pas qu'on ne parlât pas de ce qu'il avait vu à Verdun, enfant, lorsqu'il avait visité le mémorial avec sa classe, tentant de s'imaginer sur ce bord-là de l'Atlantique d'anciens fermiers devenus capitaines d'industrie, puis promoteurs immobiliers puis rentiers, se promener ici avec leurs rouflaquettes, leurs bottes garnies d'éperons et leurs chapeaux à large bord, les ombrelles de leurs femmes. Guillaume, planté là devant la plus grande roue du monde, entièrement en bois, achevée en 1918, se demandait comment c'était possible, pendant que leurs pères, leurs cousins s'écharpaient en Europe, il se demandait si l'on avait voulu faire ici un jardin d'Éden ou une nouvelle Babylone, remontant machinalement les manches de sa chemise pour se donner un peu d'air, réajustant sur son bras sa veste qui se froissait, pensant quelque chose comme De toute façon ça finit mal et chassant cette pensée d'un sourire léger, ne sachant peut-être pas même comment elle lui était venue.

À quelques mètres de lui, un employé qui ne ressemblait pas à un forain balayait la poussière à l'aide d'un balai au crin fatigué, il soulevait devant lui un petit nuage brillant dans la lumière qu'il guidait, semblait-il sans le laisser retomber, comme un cerceau d'enfant. C'était le début de la morte-saison.

Derrière la grande roue il y avait le Cyclone, un croisement de huit américain et de montagnes russes, plus moderne, la preuve que le parc continuait d'être une attraction. Et derrière encore des baraques, les petits chevaux, le tir aux ballons, des baraques entières remplies de machines à sous où l'on tente d'attraper une peluche en actionnant une sorte de pince un peu molle, qui finit toujours par relâcher le nounours ou le petit chien rose. Les guichetiers regardaient passer Guillaume en le suivant quelques instants des yeux, mais sans tourner la tête, sans sourire et sans mettre dans leur regard d'intention particulière, sans rien dire, ne s'attendant pas à ce qu'il demande un ticket pour faire, tout seul, le tour de la chenille ou une virée en auto tamponneuse, ne s'attendant d'ailleurs à rien de précis, sinon que le soleil se couche enfin pour de bon, et peut-être à prendre entre eux une bière dans un des snacks, avant de rentrer. Quelques groupes de garçons en vêtements de sport parlaient fort à des croisements d'allées, sans vraiment faire de phrases, ils se demandaient peut-être depuis combien de jours l'été avait fini par déserter les lieux et emporter dans la ville les dernières filles en jupes. Même les rares gamins qui couraient derrière leurs parents en brandissant une barba à papa ou un sucre d'orge grand comme leur tête semblaient interroger du regard les manèges qui tournaient à vide, comme s'il se fût agi d'un décor de cinéma, d'un paradis pour de faux.

Régulièrement Guillaume recroisait un balayeur désœuvré dont il n'aurait pas su dire s'il s'agissait toujours du même, poussant devant lui son petit nuage de poussière argentée, d'un geste morne et régulier, et même, vers la fin, avant de sortir du parc du côté de la plage, il en croisa un qui ne poussait plus rien du tout, debout, de dos, qui observait peut-être à ses pieds le sable fin retomber inexorablement, ou la mer au loin, appuyé de la main et du coude opposé sur son manche qui formait dans le contre-jour une sorte de béquille trop grande, ou bien au contraire, comme s'il se fût agi d'une prothèse artisanale, bizarre, qui le faisait avancer tout le jour avec une démarche déséquilibrée, et qu'il se serait permis d'enlever, s'apprêtant à quitter son emploi inutile, chaque soir renaissant en quelque sorte, se relevant et se mettant à marcher comme un homme, accablé peut-être par la certitude que cela reviendrait avec le jour suivant, Guillaume ne sachant pas, puisqu'il le voyait de dos, s'il regardait devant lui ou par terre et, le dépassant, ne se retournant pas pour le savoir, par un étrange sentiment de pudeur soudain ressenti, se dirigeant, lui, vers la mer.

Il avait toujours détesté le travail, enfin je l'avais toujours connu comme ça, pas fainéant, mais obstiné disons à considérer que la vie devait être une fête, ou devrait, parce que depuis quelque temps ce n'était plus ça, la désoccupation forcée ce n'était pas de l'oisiveté, m'avait-il écrit, et aussi qu'en France c'eût été plus supportable sans doute, et la France lui semblait de plus en plus loin.

Ce n'était pas à cause de l'océan. L'océan ne changeait pas. C'était le temps, qui passait. Le temps qui s'éloignait, pour ainsi dire.

Dans ses lettres Guillaume parlait souvent d'argent, et je savais ce que cela voulait dire, l'argent on n'en parle que quand on n'en a pas. Il évoquait de vieux souvenirs aussi, des moments qu'on avait passés ensemble, à l'époque où il habitait à côté de chez moi, ou plutôt il n'évoquait pas ces moments, il les nommait, je pense qu'il me demandait de m'en souvenir comme si cela lui devenait difficile, ou comme s'il n'y croyait pas bien ou n'en retrouvait pas d'image définitive, il ne le disait pas comme cela, mais je pense qu'il voulait que je continue à les faire vivre d'une manière ou d'une autre, ces bouts de mémoire, d'une manière ou d'une autre comme un service que je lui rendrais, comme si je me les rappelais pour lui, ou à sa place, ou pour être sûr que ça s'était vraiment passé, mais il ne le disait pas comme ça, simplement il terminait ses lettres, de plus en plus souvent, avec des phrases comme Tu te souviens ? et il ne disait pas de quoi.

Moi je revoyais par exemple cette plage de l'Ouest où nous passions parfois des dimanches, partis sur le point du jour après avoir passé la nuit à faire les bars et puis les quais, à faire la fête comme si on devait mourir lorsqu'on s'arrêterait, trimbalant avec nous une valise en cuir qui avait dû avoir un certain chic, où nous entassions des bouteilles d'un litre de bière blonde légère, à bouchons en plastique rouges ou verts, une bière qui n'avait presque pas de goût, qui se buvait presque sans y penser, et se la promenant donc partout avec nous sur les bords de Seine proprement pavés, se joignant à des groupes, faisant flamber des planches de chantiers et des branches, qui se trouvaient là Dieu sait comment, buvant ainsi la nuit durant et rencontrant des gens de toutes sortes qui ne sortaient pas le jour, parfois même des filles que nous faisions rire, lançant tel un défi, quand s'avançait l'heure bleue, une invitation à partir au bord de la mer, le temps de racheter des bières, de compter les voitures, et de rouler, pendant deux heures à peine, à tombeau ouvert comme si nous devions mourir lorsqu'on s'arrêterait ; et puis s'arrêtant, sur le parking qui surplombait la plage, étonnés d'être là, tombant à genoux à la démarcation du sable et de l'eau, l'heure bleue devenue rose, ayant le sentiment d'avoir gagné le droit de contempler la beauté du monde. On aurait bien pu mourir, sur le trajet, certainement cela n'aurait pas changé grand-chose, nous étions sûrs que le paradis devait ressembler à ça : une plage et l'océan, au bout d'une nuit d'ivresse.

Moi je revoyais par exemple ces images, quand je recevais ses lettres, celles-ci et d'autres pas toujours heureuses, qui sont venues après et dont je parlerai plus tard, lorsque ce sera mon tour.

Mais Guillaume ne pensait peut-être pas à tout cela, marchant vers Brighton Beach, sa veste jetée sur l'épaule, ses chaussures à la main, il regardait son ombre qui s'étirait très loin devant lui, pâle, sur un sable jaune orangé, son ombre rampant vers l'océan, ondulant, épousant la forme des dunes minuscules que sculptent les pas et le vent sur une plage, son ombre s'échappant de lui par les orteils et se contorsionnant pour rejoindre l'eau où, parfois, elle parvenait à se dissoudre, à brouiller ses contours parmi une mousse blanche trop rapide, se reformant sur le sable plus foncé dès le retrait de la vague et s'étirant encore, comme cherchant à partir ou à lui montrer le chemin, et Guillaume au-delà de son ombre voyait toute la masse sombre de l'océan, au-delà de la langue de terre de Rockaway Point, ainsi jusqu'en Europe porté par les derniers rayons du soleil qui plongeait dans Brooklyn, ne pensant à rien sans doute, regardant son ombre fuir et s'agrandir démesurément, sachant pourtant que ce n'était pas lui qui changeait, que ce n'était qu'à cause du crépuscule et de son monde horizontal.

Sachant bien que seul le temps passe, s'éloigne pour ainsi dire.

La première chose que Julien remarqua, en pénétrant dans le restaurant où Guillaume nous avait donné rendez-vous à tous, ce fut la vitrine garnie d'articles de journaux locaux, allant du guide de sorties *Time Out*, en couleurs, qui recommandait l'endroit pour son exotisme, à des papiers plus sérieux du *New York Times*, qui retraçaient rapidement l'histoire du quartier russe et de Little Odessa, dont le restaurant était un haut lieu et son patron une figure apparemment incontournable, comme on dit. Une photo, surtout, attirait le regard, le montrant assis à l'une de ses tables, les bras écartés comme un Christ de Cène audessus d'une carpe énorme, au moins centenaire à en juger par la taille proprement monstrueuse du cadavre pourtant décapité, farcie et découpée d'une manière, précisait la légende, traditionnelle – sans en dire plus. La photo présentait un aspect vieilli de fort contraste s'accommodant assez mal du jaunissement du papier, le poisson prenant des allures de jambe, ou de cuisse plutôt, à la chair blanche rongée de gangrène, inexplicablement débitée en tranches régulières, rendant d'autant plus obscènes et la pose et le sourire carnassier du bonhomme. Julien s'en détacha. Vaguement inquiet, il poussa la porte, nous chercha du regard, entreprit de nous rejoindre. Ce n'était pas chose si aisée tant les tables étaient nombreuses et déjà peuplées de familles et de groupes bruyants et indisciplinés dont un membre parfois se levait pour aller saluer, à l'autre bout de la salle, un voisin, un collègue subitement reconnu et se livrant en russe à des démonstrations d'amitié spectaculaires, gesticulant, montrant sa table, où tout le monde alors levait son verre avec un sourire de photographie de mariage, un ou deux autres qui avaient dû hésiter pour gagner du temps se précipitant à leur tour, venant rejoindre le premier gusse afin de ne pas être en reste de salamalecs, les femmes demeurant souvent finalement seules à la table, sans qu'on sût si c'était parce que leur statut ne leur permettait pas la courtoisie, ou bien les dispensait des simagrées. Julien évoluait rapidement au milieu de cette foire, jetant des coups d'œil de droite et de gauche essayant de prévoir les trajectoires, s'esquivant souvent au dernier moment d'une feinte d'épaule ou se figeant dans un pas, prenant appui sur des dossiers de sièges, continuant de nous sourire de loin, comme pour nous faire patienter. Il s'engouffra enfin derrière un colosse de serveur à moustaches épaisses qui le mena presque à notre niveau, encore un peu ahuri de son entrée.

Finalement nous nous embrassâmes, nous aussi, contents de nous retrouver, et pendant quelques secondes, peut-être, nous nous sommes fondus dans le paysage.

À notre table, au moment où il est arrivé, il y avait déjà Kim évidemment ; Selim et Fred, de vieux copains de Guillaume qui habitaient Québec et que je ne connaissais pas bien ; Nicola, l'ancienne colocataire de Kim avant qu'il ne vînt la rejoindre à New York ; Franck Moeglen, un ami à moi qui était peintre et s'était installé, récemment, à Washington ; et puis Marine et moi, bien sûr.

Kim vanta une nouvelle fois la cuisine et le lieu, devant Julien qui ironisait sur les articles et la photo découverts dans l'entrée, et justement la photo, expliquait-elle, représentait la spécialité locale, un plat ukrainien très connu, le koulibiac de saumon ou quelque chose comme ça, qui était en fait un pain farci de poisson, de riz, de champignons – ce que Julien avait pris pour de la gangrène –, et d'œufs durs. Ici, ils le présentaient sous forme de poisson, c'est-à-dire qu'ils moulaient la pâte en forme de grosse carpe – ce que Julien avait pris pour une jambe de noyé –, et aussi la pâte était feuilletée, disait Kim qui semblait s'y connaître, la pâte feuilletée représentait un raffinement appréciable par rapport au plat traditionnel, tel qu'ils l'avaient goûté lorsqu'ils habitaient en Estonie, Guillaume et elle – et ce fut la première fois, je crois, qu'on parla de Guillaume, et qu'on remarqua qu'il n'était pas là.

Mais ce n'était que le début de la soirée, à peine, disons l'heure de l'apéritif, et son retard n'intriguait personne. On continua donc les présentations. Les borchtchs, le chtchi, les zakouski, la kacha, les pirojki, les côtelettes pojarski, la vatrouchka, le kissel, le koulich, la paska – la carte faisait quatre pages –, dont une entière consacrée aux vodkas.

À l'époque où Kim était partie travailler en Estonie, un peu après l'indépendance, Guillaume terminait ses études. Il était allé la rejoindre pendant les vacances universitaires, c'est-à-dire les trois mois d'été. À son retour il était question qu'il passât le concours du barreau, en même temps que Julien, pour devenir avocat. C'était la période des choix, et Guillaume se laissait porter. Nous avions déjà tous entendu, une ou deux fois, le récit de ce séjour d'un an, albums de photos à l'appui. Kim travaillait dans le seul quotidien du pays, qui appartenait aux Américains, le journal, pas le pays, disait-elle en riant, racontant une nouvelle fois cette histoire, mais, à bien y réfléchir, ce n'était pas très drôle. Les banques aussi étaient américaines. La description qu'elle en donnait faisait penser à une vie de colonie, douce et exotique. Personne ne relevait.

Julien a commandé une bouteille de vodka d'un litre, pour commencer l'apéritif, le temps de se poser un peu.

Il était arrivé par l'avion de six heures. À force de travailler beaucoup et de ne prendre que peu de congés, comme cette fois-là par exemple, où il avait prévu de faire l'aller-retour dans le week-end, à force de se mener la vie dure, il avait fini par apprendre à décompresser très vite, à évacuer tout le stress de son boulot, les intérêts en jeu, les fax des clients pressés, les lettres des clients en prison qu'il fallait aller voir et rassurer, les coups tordus des parties adverses, les conclusions de dossiers qui n'arrivaient sur le mail qu'à minuit, la veille de l'audience, à force de devoir oublier très vite, tous les soirs, sinon ç'aurait été l'enfer, il avait développé une sorte de légèreté à toute épreuve, de schizophrénie salutaire, d'envie peut-être seulement de ne pas se laisser emmerder ; des problèmes il y en avait bien assez.

Julien commanda donc une bouteille de vodka.

Se désintéressa des sujets d'intelligence économique.

Redemanda à Nicola, qui était assise à côté de lui, son prénom qu'il n'avait pas retenu, et ce qu'elle faisait dans la vie, tout cela en anglais, ce qui lui permettait, dans la lenteur de son articulation et cherchant ses mots, de plisser parfois les yeux pour la dévisager, se demandant sans doute déjà s'il pourrait lui plaire.

Il servit la table en vodka, lança un *Na Zdarovie!* plutôt réussi qui nous valut quelques regards en coin des autres clients. C'était ce qu'on aurait pu appeler son panache.

Très vite il n'écouta plus Kim, qui parlait de sa mission de renseignement pour les Japonais, et de l'article qu'elle avait fini par écrire, sur la différence, aux États-Unis, entre les « *Hawks* » et les « *Doves* », qui n'étaient pas des équipes de base-ball mais des tendances politiques, au-delà du clivage entre républicains et démocrates. Cela concernait évidemment la politique étrangère au Moyen-Orient. Il y avait, en gros, expliquait-elle, les belliqueux et les pacifiques, les durs et les mous, quelque chose comme ça, que nous savions déjà. Kim était démocrate, mais elle n'aurait pas hésité à abattre son voisin de palier si elle avait eu le sentiment qu'il représentait un danger.

Et puis, la vodka aidant, il s'est passé ce qui arrive toujours, lorsque même de vieux amis se réunissent à plus de trois : Selim et Fred, que décidément je ne connaîtrai jamais plus que ça, portaient des toasts, à voix basse, à quelque mystère intime ; Julien se concentrait sur les lèvres de Nicola en sirotant gentiment, pour bien comprendre ce qu'elle lui racontait ; Franck me parlait de ses derniers tableaux ; et Marine questionnait Kim sur leur vie à New York. C'est elle qui m'a raconté, ensuite, le peu que j'en sais.

Les affaires marchaient bien pour Franck, depuis qu'il avait traversé l'Atlantique. Son travail était perçu comme très européen, c'est ce que disaient les galeristes, et cela leur plaisait. Lui, n'y avait jamais pensé. Pour Franck, c'était une évidence, quelque chose qui ne voulait pas dire grand-chose, ou alors seulement une référence, le gage d'une certaine maîtrise des techniques qu'il utilisait parce que, disait-il, en Europe il y a des écoles pour les beaux-arts, où l'on apprend ce genre de savoir-faire, ce qui n'était pas le cas aux États-Unis. Là-bas, on recherchait plus directement l'expression. Là-bas des peintres comme Jenkins parvenaient à des résultats admirables en s'y prenant en dépit du bon sens. Cela me rappelait une discussion que j'avais eue cette année-là avec un professeur brésilien, venu faire à la Sorbonne une conférence sur la littérature de son pays. Il m'avait dit Chez vous, les auteurs sont des intellectuels, des gens qui ont beaucoup lu et qui, un jour, estiment qu'ils ont suffisamment lu pour se mettre à écrire à leur tour, alors que chez nous, au Brésil, les auteurs ont souvent fait toutes sortes de petits boulots, parfois très durs, pour subsister, et puis, un jour, ils estiment qu'ils ont suffisamment vécu pour se mettre à le raconter d'une manière ou d'une autre. Cela avait peut-être un rapport avec la nouvelle série dans laquelle s'était lancé Franck, depuis quelque temps, sur la mort de son père.

Nous nous étions rencontrés à Paris, un an avant qu'il ne quitte la France, dans une période pour lui de transition vers l'ocre et l'orangé, et la toile sur châssis. Il lui arrivait encore parfois de découdre et d'agrafer de vieux sacs de la Poste, récupérés chez des brocanteurs, dans le quartier Saint-Paul. Puis il passait des jours, accroupi dans son atelier, tournant autour de ces espèces de bâches en lin épais tachées de graisse et de colle, élimées en certains endroits, rétives à absorber, à retenir les nappes d'acrylique qu'il y déversait précipitamment, rejetant aussitôt le pot au profit d'un torchon qui lui servait à en éponger une partie, tamponnant brutalement la toile à laquelle il ne laissait pas le temps de se gorger de pigments, repassant ainsi de couche en couche, détrempant le lin même rêche et grossier comme il l'était, laissant apparaître peu à peu à travers des transparences infinies les contours qu'il avait d'abord tracés à l'encre ou d'une peinture plus sombre et très peu diluée, le temps de séchage extrêmement court de l'acrylique lui permettant ainsi de travailler la toile par strates alternées pendant des heures, comme s'il s'agissait d'une sorte d'archéologie inversée, des profondeurs vers la surface, de la chose à sa forme, plus concrète qu'elle, le tissu lui-même prêtant la résistance de ses irrégularités, de ses fibres, de sa trame accidentée à cette révélation lente, où l'on lisait finalement une histoire entière par fragments et recouvrements successifs, ménageant ainsi des zones d'ombres et son sens parfois trouble ou indécis, comme n'importe quelle histoire, Franck se relevant pourtant à un certain moment, se dépliant pour ainsi dire et arquant son dos à l'envers, les mains sur les reins, les yeux fermés, sachant soudain avec certitude que c'était fini, achevé, qu'on n'en tirerait plus rien, ne regardant plus que par coups d'œil le cadavre que formait la pièce ainsi jetée à terre, allant, d'un pas plus souple qu'à l'ordinaire, chercher dans un coin de l'atelier, sur la table près de la porte, son paquet de cigarettes, reprenant nonchalamment où on l'avait laissée, avec moi lorsque j'étais là, une conversation suspendue quelques heures plus tôt. J'y avais passé des jours et des jours, à le regarder faire. Les toiles ont pris, avec le temps, un grain plus fin, les couleurs se sont éclaircies. Il fabriqua des châssis en ajustant des baguettes de chêne clair. Et je sentais que c'était plus qu'une évolution, comme on dit, une recherche.

Cette nouvelle série plus personnelle, sur la mort de son père lorsqu'il avait quatorze ans, ne m'étonnait pas du tout. À force de chercher, on finit toujours par tomber sur ce genre de choses. On tourne autour, pendant des années parfois, on décrit une sorte d'ellipse comme les planètes autour d'un soleil, et puis un jour cette trajectoire nous mène au plus près ; c'est l'été ; on est tenté de se brûler un peu.

Ça m'était arrivé aussi.

Franck était revenu en France, quelques mois plus tôt, sans le dire à personne, c'est ce qu'il me raconta ce soir-là en buvant de petites gorgées de vodka, croquant immédiatement dans les cornichons salés qui, assurait Kim, empêcheraient d'être saoulé par les vapeurs de l'alcool demeurant en bouche tel un brouillard. Franck me conta donc par épisodes cet étrange voyage qu'il avait entrepris en secret, jusqu'en Bourgogne où il avait photographié la pierre tombale plusieurs fois, sous différents angles, y revenant chaque jour, pendant trois jours, à différentes heures pour la prendre sous différentes lumières, réduisant les lieux de son séjour à l'aéroport, la voiture de location, l'auberge où il était descendu, dormait et prenait ses repas, et le cimetière, l'allée de gauche, la tombe qu'il avait mis du temps à retrouver, hésitant d'abord, impressionné comme par superstition, ne sachant pas prier, n'ayant rien à lui dire, tournant autour comme d'une étoile, insaisissable, et puis la photographiant, ne sachant pas encore, au juste, ce qu'il allait en faire, faisant remonter, comme dans ses toiles, imprudemment des souvenirs qui ne faisaient que l'encombrer. Les déversant ensuite, de retour, travaillant sans relâche à les reverser en flots de peintures, sans avoir pris le temps de savoir, au juste, ce que c'était, ou ce que cela voulait dire. Rien, sans doute, disait-il en rigolant, mais ça avance, c'est pas mal, et il croquait dans un cornichon.

Julien parlait fort, comme à son habitude, un mélange de français et d'anglais qui ravissait Nicola et qui me faisait parfois sourire malgré moi en détournant la tête, pendant que Franck me racontait sa vie américaine. Comme tous les gens qui ont appris l'anglais en travaillant, il cultivait un accent épouvantable, qui faisait tout son charme et qui le rendait, finalement, beaucoup plus intelligible que s'il se fût appliqué à reproduire une articulation qui ne lui était pas naturelle.

Je n'entendais pas Kim et Marine parler de Guillaume qui n'arrivait pas. C'est Marine qui me le raconta plus tard.

Julien se tenait droit, penchant la tête vers Nicola pour lui parler mais ne la regardant pas directement, ses yeux de myope plissés vers son verre de vodka qu'il tenait entre le pouce et le majeur, en équilibre devant lui, au-dessus de la table. Il se concentrait sans doute sur les mots qu'il devait encore ajouter à sa phrase pour qu'elle veuille bien dire quelque chose. Il cherchait ses mots les uns après les autres comme un mauvais joueur d'échecs avançant ses pièces, sachant comment elles se déplacent mais n'ayant aucune idée du coup qui viendrait ensuite ; cependant il continuait de parler, s'emmêlait parfois les pinceaux, souriait alors à son verre comme par timidité, et jetait un œil à sa voisine qui lui terminait gentiment sa phrase. Ils se mettaient finalement à rire tous les deux ensemble et lui, se penchant un peu plus vers elle, la regardait alors en face, de ses yeux de myope écarquillés pour faire bonne figure, et aussi un peu pour chasser l'alcool. Il agissait sans malice et sans doute simplement se sentait-il bien ce soir-là comme je ne l'avais pas vu depuis longtemps. Dans son regard, lorsqu'il riait, passait un air, fugitivement, que je lui connaissais depuis que nous étions enfants, comme un air de génie, le sien, désir, curiosité, et peut-être ambition. Et Nicola riait, de plus belle.

Périodiquement il la resservait, ainsi que lui-même et ceux qui avaient la présence d'esprit de tendre leur verre promptement. Il piochait parfois des cornichons salés dans son assiette à elle, plus proche que le plat qui s'était arrêté en bout de table, et cette familiarité un peu directe n'était pas très américaine mais elle finit par pousser un peu son assiette vers la sienne pour montrer que ça ne la dérangeait pas, par politesse, et qu'elle l'encourageait, même, par curiosité ou déjà par désir, ou pour le voir sourire. Elle avait les gestes très gracieux d'une actrice qui sait quelles ombres la lumière dessine sur ses mains, ses bras, son visage, des gestes précis, appliqués, sans emphase, qu'elle déployait sans y réfléchir avec pourtant une sorte de concentration des muscles qui forçait à les remarquer, à les suivre, et lorsqu'elle poussa vers lui son assiette il sembla à Julien que celle-ci n'avait aucun poids, que seule la main de Nicola se déplaçait, glissant au-dessus de la nappe en coton épais, l'index et le pouce ouverts, légèrement recourbés, la paume tournée vers lui comme présentant un monde entier en offrande, avançant avec une douceur et une facilité rares, une patience infinie.

Quelques années plus tôt, elle avait pris avec Kim cette colocation dans laquelle elles vivaient lorsque Kim rencontra Guillaume. C'était un appartement plutôt grand, en duplex, dont l'étage inférieur était à l'entresol. Il y avait des barreaux aux fenêtres, comme dans tous les immeubles de ce côté d'Amsterdam Avenue, au-dessus de la Cent dixième. La pièce du rez-de-chaussée était vaste. C'était leur living-room. Il y avait, dans un coin, une cuisine ouverte comme un comptoir de bar, lambrissé du côté du salon, face à l'immense canapé club en cuir rouge, la table basse, ronde, encombrée de livres et de magazines, d'une théière en aluminium et d'un vase. La pièce faisait un coude, comme un L, et l'autre partie servait de bureau à Kim, qui était encore étudiante. L'étage inférieur était occupé par leurs deux chambres. On y accédait par un escalier en colimaçon, suspendu au plafond par des tringles en fer forgé noir qui lui faisaient à lui aussi des barreaux auxquels elles suspendaient des robes et des chemisiers du soir, encore dans leurs emballages de cellophane, les vêtements qu'elles portaient au pressing parce qu'ils étaient en tissus délicats, ou simplement parce que c'était les plus beaux qu'elles avaient. Parfois on y voyait les costumes bariolés d'une époque improbable, lorsque Nicola décrochait un petit rôle ou remplaçait une copine dans le quartier des théâtres.

Il y avait eu d'autres appartements depuis, mais aucun n'avait plus eu le charme de cette cage dorée de jeunes filles dans le Spanish Harlem. Elles avaient descendu les rues, Quatre-vingtième, Quarante-cinquième, le long de Broadway toute proche, chacune de son côté. Ne s'étaient jamais perdues de vue. Mais aucun de leurs appartements, ensuite, n'avait plus eu le charme de cette garçonnière de filles. Leur en restait une attitude, peut-être une assurance, un goût pour la liberté qui plaisait aux hommes et qui devait aussi leur faire un peu peur.

Julien n'avait pas connu l'appartement de la Cent onzième Rue.

Il regardait planer à quelques centimètres de la nappe l'assiette de cornichons salés que cette main comme en apesanteur lui proposait en la poussant, du bout de doigts longs et fins, à peine refermés sur elle, sans aucun effort apparent, le dos de la main seulement tendu, découpé dans la lumière du tendon qui joignait l'index au poignet, et disparaissait sous des joncs d'argent enchevêtrés, par dizaines peut-être, comme c'était la mode, le déplacement seulement accompagné donc, dans le brouillard de sons et d'éclats de voix du restaurant, d'un tintement léger, presque imperceptible, un froissement du métal telle une manche en tissu venue recouvrir le creux du poignet à la base du pouce, par pudeur comme pour y arrêter le regard de Julien, l'empêcher de remonter, le long du bras, jusqu'au sourire et aux yeux noirs qui l'auraient tué. C'était trop tôt pour se regarder en face. Il fallait parler, encore, se deviner sous le mauvais anglais et les rires. Julien croqua bruyamment dans un cornichon.

Cela faisait à peine un quart d'heure qu'il était arrivé, et il recommanda une bouteille de vodka. Le temps de lever le nez et d'arquer bien haut les sourcils, au-dessus de ses lunettes, d'attendre ainsi de croiser le regard d'un serveur et plisser alors, froncer les yeux en souriant sans les dents, levant la bouteille vide, la pointant de l'autre main et puis faisant tourner deux ou trois fois en l'air cette main vide, l'index tendu, souriant de nouveau, le serveur comprenant qu'il fallait en apporter une autre, la même, sa sœur jumelle, comme disait Julien.

Franck, je crois, me fit remarquer que nous buvions beaucoup. De toute façon, dans ce genre d'endroit la soirée appartient à ceux qui boivent : la vodka, c'est assez raide, même avec les cornichons et les autres pickles, ce qu'ils appelaient les zakouski ; même en évitant les vapeurs, même en se chargeant le palais de saumure et de vinaigre doux, même en jetant directement au fond de la gorge, d'un geste sec, les petites gorgées qui tenaient dans un verre, s'arrêtant de respirer, le temps que la glotte se remette en place, suivant avec attention les sensations qui accompagnaient la descente, dans l'œsophage, d'autant de coulées de lave, même en prenant ses précautions, la vodka c'est toujours un peu raide.

En trinquant, Franck me dit qu'il avait eu trente-trois ans pendant l'été. Il porta le verre à sa bouche, mais resta suspendu, à mi-course, comme s'il réfléchissait. Il me dit que pendant longtemps il s'était demandé s'il ne devait pas mourir à trente-trois ans, parce que c'est à cet âge que son père est mort. Ce sont des pensées idiotes, mais on ne peut pas s'empêcher de les avoir. La fatalité, c'est un bon moyen d'expliquer qu'on doive mourir un jour. Puis il vida d'un trait son verre, ferma les yeux, et me sourit. Je fis de même.

Il me reparla de ses toiles récentes, m'annonça qu'il m'avait apporté des photos, qu'il aimerait que je visite son atelier de D.C.

Sur ma droite, j'entendais Marine, qui posait des questions à Kim, sur l'état de santé de Guillaume. Je ne savais pas qu'il était malade.

C'est la deuxième fois, je crois, que j'ai pris conscience qu'il n'était pas encore arrivé.

Je n'ai su que plus tard, lorsqu'il m'en a parlé, ce que Guillaume avait fait pendant tout ce temps que nous l'avions attendu au restaurant, où il nous avait pourtant lui-même donné rendez-vous.

Remontant le front de mer et la promenade, de Coney Island à Brighton Beach, comme une côte normande géante sur laquelle il ne retrouvait pas son enfance et nos souvenirs.

Il avait du temps, encore, avant que son ombre ne se confondît avec la nuit. Du temps, beaucoup, avant de nous retrouver. Du temps, et pourtant c'était ce qui lui manquait le plus, non pas d'avenir, mais de passé, du temps qui passe et semblait l'éloigner de lui-même.

Il faisait encore doux.

Dans le soleil couchant, la ville semblait avoir pris feu, derrière lui. Bientôt ne resterait qu'un vacillement de l'air, un flou turbulent pareil à celui des déserts ou des braises, et la ville : cendres, à perte de vue. C'était déjà arrivé.

Guillaume se souvenait bien des colonnes de fumée, droites et noires sur quelques dizaines de mètres prolongeant les tours frappées au cœur de la ville, et puis s'étalant ensuite à la manière de n'importe quel nuage, gonflé, roulant, cumulus de haine et de destruction charriant une odeur de poussière, d'acier fondu, surplombant la ville entière, se désagrégeant cependant, impuissant, au nord de Broadway et s'insinuant alors partout, même au niveau du sol, par la moindre ouverture, les millions de ventilateurs mécaniques percés aux fenêtres des immeubles, distillant son odeur de cataclysme. Guillaume s'en souvenait ainsi que du bruit de guerre que faisaient les rotors des grands hélicoptères de l'armée et les chasseurs qui parcoururent le ciel pendant une semaine à des vitesses vertigineuses, le plus souvent disparus derrière un gratte-ciel le temps de lever les yeux vers leur rugissement.

Il venait de s'installer. C'était une mauvaise période pour trouver du travail qualifié, une mauvaise période pour à peu près tout. Au coin de la rue les soirées du Augie's s'égrenaient au rythme des tournées du patron, lorsque entrait dans son bar un pompier en uniforme à qui tous les clients venaient serrer la main. On donnait de grandes tapes sur les épaules rembourrées de son caban de cuir, fermé par des mousquetons gros comme des verrous, on levait sa chope en lui souriant, et le pompier, en général, le rendait bien en bourrades, en clins d'œil et en bière dont la seconde lui était offerte souvent par une jolie fille seule, assise au comptoir. Il y avait dans tout cela, écrivait-il, une atmosphère d'après-guerre et de retour au pays. Pourtant la guerre n'avait pas eu lieu encore. C'est peut-être à cette époque, mais cela reste difficile à dater précisément, que Guillaume commença ce qu'en France on aurait appelé une dépression. Afin de pouvoir continuer à prendre quelques verres, le soir, il avait arrêté de manger à midi, mais s'ensuivirent des troubles de l'oreille interne, des vertiges, des nausées au réveil, un état de fatigue croissant qui se transformait en paresse, découragement. Ses lettres s'espacèrent et il n'en parlait pas.

Je l'imaginais, des journées entières ne sortant presque plus de l'appartement que pour faire quelques courses, préparant ensuite, pendant des heures, le dîner du soir, attendant que Kim rentre de son travail, comme une façon de continuer à vouloir faire de chaque jour une fête mais aussi, obscurément, comme une façon de payer son loyer, comme un enfant cache ses bêtises sous un sourire de mauvaise conscience, pour qu'on continue à l'aimer.

Je venais les voir deux ou trois fois l'an, porteur malgré moi d'un monde de souvenirs dorés que nous évoquions soir après soir, autour de cette bière ambrée brassée à Brooklyn dont j'étais tombé amoureux.

Alors, dans un mélange d'anglais et de français également mal articulés, c'était comme si nous tirions, sur notre petite table de bar en bois sombre, un feu d'artifice qui rendait nos yeux brillants, rieurs, plissés pour ne pas trembler trop. Les images de notre adolescence éclataient en myriades de couleurs venues raviver la nuit, prenant les formes de visages, sur lesquels nous mettions parfois cinq minutes de discussion à tout autre que nous inintelligible, pour parvenir à y accoler un prénom, une attitude, une anecdote, mélangeant le plus souvent les lieux et les dates des faits d'armes plus ou moins glorieux qui avaient fait de nous, à cette époque, les héros d'une histoire qui nous paraissait maintenant légendaire.

Et je retrouvais, moi, dans ces occasions trop rares, à la fois l'ami que j'avais rencontré alors et le témoin presque unique, survivant de ma jeunesse enfuie. Guillaume était mon enfance.

Dans la banlieue où nous avions grandi, il me semble maintenant qu'il faisait toujours beau, ce qui n'était pas vrai sans doute, mais on voyait toujours le ciel. Le village ne faisait pas un kilomètre de long, construit en bordure de la route qui partait vers la mer, avec son église, sa poste et sa gendarmerie, sa mairie discrète qui comprenait aussi la bibliothèque et les services sociaux, c'est-à-dire une psychologue et une infirmière, même si les habitants leur préféraient encore volontiers les bonnes sœurs du couvent tout proche, sur les hauteurs du parc qu'on appelait le Plateau ; il y avait là également quelques commerçants, un boucher au visage de carpaccio, un traiteur espagnol, deux boulangeries, autant de coiffeurs pour dames et une maison de la presse ; à la sortie, plus loin sur la route, un supermarché attirait à la ronde la clientèle de deux ou trois villages comme le nôtre. Tout autour, ce n'était que forêts domaniales, parcs et jardins et, au centre de chaque jardin, plus denses en bordure des parcs, une volée de petits pavillons blancs qu'on aurait dit semés du ciel, comme des gravillons, bordant la route sans doute jusqu'à la mer. La gare y semblait à la fois la construction la plus ancienne – c'est par elle qu'étaient venus ici s'installer tous ces gens –, et la plus moderne – elle menait à la ville. Pour élever des enfants, l'endroit rêvé, du moins c'était l'opinion que s'en étaient faite les parents de Guillaume et les miens.

Ce furent eux d'ailleurs qui se rencontrèrent les premiers, je crois, et me collèrent dans les pattes de Guillaume et de ses deux frères, qui me firent cher payer l'admission dans leur compagnie : il y avait, en bordure du domaine où nous habitions, un pré à vaches, le dernier de la région sans doute, vestige d'une époque plus rurale. Je n'ai pas mémoire d'y avoir vu autre chose qu'un âne et, parfois, un vieil homme en salopette de jean et en casquette, qui venait lui parler. L'âne n'avait pas l'air bien énervé, pourtant le pré était encore enclos d'un fil électrifié, signalé de rouge. Je tenais la main du plus jeune frère. Lui-même tenait celle de Guillaume qui me considérait en silence pendant que son grand frère, à l'autre bout de la chaîne, se tenait près du fil électrique et m'expliquait les règles du jeu. Ils avaient choisi l'emplacement en fonction d'une affichette représentant une tête de mort foudroyée, du plus bel effet. Je ne me souviens plus du tout de ce qu'il m'expliqua, seulement que je crevais de peur, et que c'était mes seuls copains. Lorsqu'il empoigna le fil je fermai les yeux et, à ma grande surprise, je ne sentis rien, j'étais heureux, ils me regardaient tous les trois en souriant, le grand frère surtout. Ce que je ne savais pas, c'est qu'une loi de physique, que je devais apprendre à l'école bien plus tard, me condamnait à être le seul à faire masse, et à me prendre tout le jus lorsqu'il romprait la chaîne en retirant sa main, eux s'éparpillant alors riant et courant tels des lutins me laissant couché dans l'herbe sur le sol, agité de soubresauts nerveux, pâle comme un fantôme, épuisé, le cœur battant à tout rompre, vaguement inquiet, me demandant si c'était la seule épreuve à passer, pour devenir leur ami.

Je ne sais pas si Guillaume se souvenait de ces détails trop lointains.

S'ils ne sont pas même devenus si importants à mes yeux qu'avec sa disparition.

Si ce n'est pour moi que je te les raconte, Guillaume mon frère, mon ange, mon enfance à l'abri du ciel.

Ensuite il y eut les journées à vélo, dans le domaine jusqu'à ce que nous appelions la Grande Prairie qui marquait pour nous, à la lisière de la forêt, l'extrême limite de la civilisation ; il y eut les bagarres avec les autres gamins ; il y eut même les filles.

L'une d'elles, je m'en souviens, s'appelait Fanny. Elle habitait dans les immeubles de la résidence d'à côté, nous ne savions pas quelle fenêtre au juste. Elle était à l'école avec nous, faisait partie des filles que nous pouvions accompagner jusque chez elles à midi sans trop nous détourner. Je m'en souviens bien, de Fanny, parce que nous en étions amoureux tous les deux. Elle avait les cheveux blonds comme du bois jaune, un chêne plein qu'on aurait passé, pendant des années et des années, à la cire d'abeille et comportant encore inscrits dans son épaisseur même, plus sombres, parfois noirs, des nœuds où convergeaient d'innombrables veines faisant en quelque sorte ondoyer le bois et lui conférant toute sa chaleur, son aspect vivant, organique, ces veines qui même, de près, étaient parfois les plus nombreuses, et c'était à se demander comment le bois finissait par être aussi lumineux et jaune, alors qu'il était constitué d'autant de stries, de fendillements noirs, exactement comme la masse chaleureuse et claire, pourtant d'infinies nuances à y regarder de près, des cheveux de Fanny.

Nous l'embrassions en général à couvert des derniers arbres du parc, avant la Grande Prairie où nous nous quittions ensuite, elle courant rejoindre la route, nous, les mains en visière, nous protégeant du soleil qui inondait la scène et jetait des éclats sur la moindre voiture comme une menace d'être découverts, la regardant s'enfuir et repensant à nos jeux enfantins avec déjà quelque trouble mal identifié, du désir pour cette chevelure de bois et ce sourire de fille.

Le dimanche après-midi, nous le passions souvent tous les trois allongés dans l'herbe, à parler sans se regarder mais se touchant parfois maladroitement la jambe ou la joue, passant là des heures à observer les nuages changer de forme en s'évaporant, comme nos pensées, vers le ciel.

Qu'elle fut douce et tranquille, notre enfance dans le gazon silencieux de la Grande Prairie ! Et chaude et claire, et baignée de la lumière d'un éternel été. Après nous avons su ce qu'aimer voulait dire, après seulement – j'en reparlerai, mais ce fut tard, pour aimer de nouveau avec cette innocence. Après il a fallu un peu mourir – et tu as disparu.

Lorsque je t'imagine, Guillaume, trente ans plus tard, comme à peine débarqué d'un bateau qui avait traversé le temps, sur la plage de Brighton Beach, ta veste pendant au bout de ton bras frôlant dangereusement le sable, silhouette amaigrie par la lumière, je me dis qu'il est impossible que tu n'y aies pas pensé, au moins un moment te tournant vers l'île gigantesque de Manhattan, pas exactement à Fanny ou à nos jeux de gamins, bien sûr, et d'ailleurs nous n'en avons jamais reparlé, mais à ce ciel toujours visible de notre enfance banlieusarde, aux avenues dégagées et paisibles, aux prairies, aux jardins qui le laissaient apercevoir partout et comportant, même les jours de mauvais temps, dans son immensité toujours au moins un petit trou de bleu par lequel s'échapper ; ce ciel qui s'ouvrait de nouveau devant toi sur cette plage de Brooklyn qui était une banlieue en somme ; ce ciel, retiré derrière des immeubles depuis que nous habitions tous en ville, et ici encore plus qu'ailleurs, à New York qui était en quelque sorte *la* ville, tu y as forcément repensé.

À un moment il dut s'asseoir sur le sable, poser à côté de lui ses chaussures et, repliée, sa veste pardessus. Il dut s'allumer une autre cigarette.

Ainsi, face à la mer, il tournait le dos à la promenade pavée qu'empruntaient, dans l'autre sens, les dernières familles qui regagnaient le parking avant la nuit et achèteraient peut-être, sur le chemin du retour, à la section *drive-in* de l'énorme fast-food, des fritures et des hamburgers qui constitueraient le repas du soir, peut-être même des hot-dogs, les plus vieux du monde. Puis la serveuse descendrait la grille du magasin, après avoir dit au revoir aux autres employés, et resterait encore un peu à l'intérieur. Elle irait d'une table à l'autre, son chiffon à la main, donnant un petit coup de pure forme aux comptoirs qu'elle avait déjà nettoyés, quelques heures auparavant, poussant les chaises pour que disparaisse leur assise et qu'elle puisse rêver, la salle ainsi rangée, la main sur l'interrupteur général avant de couper la lumière, qu'elle puisse enfin imaginer la salle définitivement vide, fermée, sans client pour de bon, ni ce soir ni les jours qui suivraient. La lumière éteinte elle demeurerait encore quelque temps à observer la rue illuminée à travers les croisillons de la grille, les voitures roulant en silence, elle ne se presserait pas de rentrer chez elle où personne ne l'attend plus sauf son fils, mais il dormirait déjà. Aux toilettes elle enlèverait son uniforme, une chemisette rouge, se passerait de l'eau sur le visage pour tenter d'en faire disparaître la fatigue et l'odeur d'huile chaude, et laver jusqu'au souvenir des clients de la journée, leur visage, leur famille, leur obésité et leur sourire de vacanciers, même celui de Guillaume. Puis elle enfilerait à même la peau un vieux blouson de sport en coton défraîchi dont elle remonterait la fermeture éclair au-dessus de son soutien-gorge, cachant la croix d'or qui pendait sur sa poitrine, là où, entre ses seins, se formait une rigole plus creuse d'année en année. Elle cacherait la clé de la caisse à l'endroit convenu et sortirait par-derrière. Aurait un léger frisson en s'engageant sur le parking désert, qu'elle chasserait en enfonçant son cou entre ses épaules et ses poings dans ses poches. Un jour, elle s'était dit que mourir en sortant de ce boulot, ce serait même une sorte de promotion.

Mais Guillaume ne voyait pas les derniers touristes de Coney Island se hâter dans son dos. Ne pensait pas à la serveuse de chez Nathan's. Assis face à la mer, ses affaires sur le sable à côté de lui, la chemise claquant sur ses côtes dans le vent du soir, il regardait, comme dans un rêve, la silhouette des tours de Manhattan vaciller dans le crépuscule, s'embraser pour la deuxième fois. Sur le point de disparaître, peut-être à jamais, le soleil lui offrait un répit, le temps suspendu d'une image de fin du monde.

Il ne pensait pas non plus à nous qui l'attendions dans ce restaurant incroyablement russe où il nous avait donné rendez-vous, après des semaines de coups de téléphone pour accorder la date avec les vacances des uns et les déplacements professionnels des autres. Dans ses lettres, Guillaume avait seulement écrit qu'il avait une nouvelle à nous annoncer. Je savais aussi que son grand-père était mort peu avant et qu'il n'avait pas pu venir à l'enterrement. Je n'arrivais pas bien à me représenter son grand-père, parce que Guillaume n'en parlait pas beaucoup, alors je l'imaginais comme le vieux que nous allions voir, parfois, en cachette de nos parents, dans le village où nous avions grandi. Je pense que c'est un souvenir important, pour lui aussi, parce qu'à l'école cette attirance pour le Vieux nous avait fait tous deux passer pour un peu bizarres.

Il habitait près de la gare une sorte de cabane, dans une friche où les gens ne s'aventuraient jamais. Même les gosses qui avaient des vélos n'y allaient pas, à cause de la voie ferrée qu'il fallait traverser à l'endroit de l'ancien passage à niveau. Le Vieux vivait là tout seul et se parlait à lui-même, au long de journées monotones qui faisaient des années, comme un collier de perles ininterrompu qu'il égrenait sans en voir jamais le bout. Il allait chercher de l'eau au ruisseau qui bordait son terrain et disparaissait, un peu plus loin, sous la ligne de chemin de fer, par un petit conduit en ciment à moitié obstrué de ronces et d'ordures. Il en rapportait des seaux remplis à ras bord qu'il traînait ensuite le long de sa jambe, et un bon tiers ou la moitié de l'eau s'en allait en éclaboussures et en gerbes étincelantes, contre son pantalon ou s'écrasant à terre, à cause de la démarche saccadée qu'il était obligé d'adopter, balançant le seau devant lui à bout de bras, courbé comme un pendule fou et ramenant aussitôt sa jambe contre le seau pour le bloquer et le soutenir, le temps que son corps le rejoigne, progressant ainsi de quelques dizaines de centimètres, un pas de vieux, un nombre incalculable de fois pour couvrir la distance qui séparait le ruisseau du carré de potager qui était tout contre sa cabane, un carré impeccable au milieu de la forêt d'herbes folles qui l'entourait, où il faisait pousser des légumes de pot-au-feu. Nous nous étions souvent demandé pourquoi il n'avait pas cultivé son jardin plus près du ruisseau, ce qui lui aurait évité les trajets, d'autant plus nombreux qu'il perdait à chaque fois la moitié de son eau, mais sans doute le potager datait-il d'une époque où il suffisait au Vieux de quelques enjambées pour parcourir cette distance. Peut-être même que le jardin avait un jour occupé presque tout le terrain et qu'il n'y avait, dans ce temps-là, pas de ronces autour du filet d'eau ni de chardons ni d'herbes hautes, peut-être que l'arbre tordu devant la cabane avait été un pommier chargé de fruits avant de se racornir, tout recouvert d'une mousse très claire, entre le jaune pâle et le vert, qui lui faisait une barbe et lui donnait, ainsi sec et noueux, un air de ressemblance avec le Vieux. Il était de toute façon impossible de le savoir avec exactitude, parce qu'il avait toujours refusé de nous parler de son passé. Nous savions seulement que sa femme l'avait quitté après la guerre, en 1946 ou 47, dates indifférentes qui paraissaient à nos esprits d'enfants une sorte de préhistoire. Elle était partie avec leur seul enfant, un fils je crois, qu'il n'avait jamais revu. Il fallait supposer qu'ils avaient entamé, à partir de là, leur transformation lente en vieillards, son jardin et lui.

Sa cabane ne valait guère mieux, quoiqu'elle ait dû

avoir plus d'allure. Une vigne fossilisée décrochait sur ses murs des plaques entières de crépi jaune, sous lesquelles se découvraient des lézardes tortueuses et creusées comme des lits de fleuves miniatures. Elle avait fini par avoir raison également de la gouttière qu'elle avait fait éclater, s'insinuant entre elle et les dernières tuiles, cassées, du toit. Dangereusement oblique, le tuyau n'était plus retenu, en façade, que par un fil de fer bruni de rouille, assujetti à un long clou planté directement dans la pierre, vingt centimètres au-dessus du chambranle de la porte. Son extrémité était semblable aux vieux tromblons, déchirée comme par une explosion. Lorsqu'il venait à pleuvoir, et que le zinc crachait devant la porte sa cascade irrégulière, on aurait dit de toute la cabane qu'elle était une sorte d'alambic fatigué, distillant la mélancolie.

Quand il ne pleuvait pas, le Vieux sortait une des deux chaises qui étaient dans sa baraque et passait la journée dessus, presque sans bouger, sur le pas de sa porte. Derrière lui, à quelques dizaines de mètres, légèrement camouflés par une frondaison, toutes les vingt minutes, les trains passaient dans des crissements d'acier. Le Vieux, lui, ne bronchait pas.

Puis la lumière tournait l'angle de la cabane et venait lui lécher le visage. C'était à la fin du jour. Alors il se levait et allait chercher dans sa cuisine un chevalet pliant, rafistolé d'attelles maintenues par du chatterton, une petite boîte à biscuits remplie de tubes de peinture à l'huile, et un bidon en plastique d'essence de térébenthine. Il s'installait de nouveau sur ce qui prenait des allures de terrasse, et posait une toile sur le chevalet. Il devait avoir en tout une demi-douzaine de toiles. Imbibant largement un chiffon d'essence, il en choisissait donc une, celle qu'il posait sur le chevalet, et la frottait énergiquement pendant dix bonnes minutes, ne réussissant jamais qu'à mélanger les pâtes en un fond marronnasse qui semblait pourtant, à un certain moment, lui convenir. Puis il se mettait à peindre, recommençait son tableau en somme.

Six toiles. Pour, une infinité de fois, le même coucher de soleil.

À l'époque, son manège ne faisait que nous intriguer et nous amuser, mais aujourd'hui, repensant à Guillaume ce soir-là, quand il s'est arrêté sur la plage de Coney Island, superposant à son grand-père que je n'ai pas connu l'image du Vieux de notre enfance, je me dis qu'il était pour nous comme une sorte de Dieu, mystérieux et inexorable, détruisant et renouvelant inlassablement le lien qui le tenait en vie, ce que Guillaume ne comprendrait peut-être jamais et qui, pourtant, était sur le point de lui arriver aussi.

La nuit s'était avancée. La nuit pouvait bien passer tout entière, cela ne changeait pas grand-chose à l'atmosphère du Primorski : il n'y avait pas de fenêtre. Mais le saumon brioché est arrivé sur la table, ainsi que de nouveaux pichets de vodka et, sans consulter sa montre, on pouvait deviner que deux heures, au moins, s'étaient écoulées depuis l'apéritif. L'ivresse montait dans la salle comme une marée, gagnait une à une les tables où les Russes semblaient rougir et s'animer comme s'ils avaient manqué de chaleur toute la journée, comme si leurs lourdes têtes, leurs yeux fendus très clairs, leurs nez retroussés, vivaient dans une sorte d'hiver éternel qui ne dégelait qu'au contact de l'alcool.

Le patron, qui s'appelait peut-être Monsieur Primorski, faisait le tour des tables et parfois il s'arrêtait pour embrasser chaleureusement quelque ami, se contentant le plus souvent de serrer énergiquement la main du client, l'attrapant au coude avec la main gauche et le regardant dans les yeux comme le signe d'une fraternité qui se reconnaissait d'instinct, glissant d'une voix grave, sourde aux finales, un ou deux mots de russe qui devaient vouloir dire Cher ami, passant à la table suivante et circulant ainsi jusqu'à la nôtre même où nous eûmes droit à notre poignée de main virile et butée, notre petite phrase en russe et une autre de compliments, sans doute, pour le choix que nous avions fait, en tout cas c'est ce que nous déduisîmes en reconnaissant dans le gloussement articulé du bonhomme le mot de koulibiac que nous avions repéré dans la carte et commandé, qui depuis peu trônait sur notre table, la spécialité de la maison et de toute l'Ukraine. Les yeux de Julien semblaient s'être soudain fatigués en se posant dessus, la photo de presse, à l'entrée, lui revenant en mémoire avec son dégoût, alors qu'il oscillait légèrement des reins aux épaules, faisant face au patron rigolard, la tête cependant penchée de côté vers la bête, ne pouvant s'en détacher qu'en fermant, avec une lenteur prodigieuse, les paupières, jusqu'à ce que la poignée de main, le tirant vers l'avant, l'oblige à revenir à lui et, s'ébrouant, remarquer que le bonhomme arborait à chaque poignet une lourde montre de bijouterie. À la main droite elle était dépourvue de cadran comme d'aiguille, horloge figée, lisse, simple disque d'or massif. Les yeux de Julien s'écarquillèrent de nouveau. Au moment de servir le poisson personne ne parla de

Guillaume ou plutôt de son absence. Kim n'attendait que ça pour se remettre à sangloter comme cela avait été le cas au début du dîner. Je suppose que tout le monde pensait, comme moi, que nous le verrions apparaître plus tard ou le lendemain matin, avec une raison valable de nous avoir fait faux bond, même Kim, ce qui ne l'empêchait pas d'être inquiète, et même plus que nous bien sûr, mais je crois qu'elle ne pouvait pas se douter de ce qui allait arriver. De ce qui était en train d'arriver. Peut-être que pour elle ce n'était qu'un pressentiment, une peur.

Deux fois déjà elle s'était levée de table pour aller l'appeler, depuis les cabines téléphoniques qui étaient à l'entrée du restaurant, en face du vestiaire, encadrées par les portes séparées des toilettes pour hommes et pour dames. Elle avait essayé les deux cabines, par superstition, et la deuxième fois Marine était sortie avec elle en prétextant une envie d'aller se rafraîchir. À travers la porte vitrée du hall, on pouvait apercevoir leurs deux silhouettes qui se confondaient, penchées l'une vers l'autre, se faisant face, Marine portant une main dans les cheveux de Kim comme pour lui faire sentir un peu de vent, lui redonner sa grâce, la regardant bien droit dans les yeux et passant le dos de son autre main sur son visage, faisant une digue légère à ses pleurs, lui parlant d'une façon que j'imaginais douce et rassurante, mais Kim ne parlait plus et sans doute sur ses joues la marée trop forte des larmes avait submergé les caresses. Elle tomba presque lorsqu'elle se laissa aller dans les bras de Marine qui me lança, depuis cet autre bout de la salle, à travers la vitre, à travers les conversations et les rires de dizaines d'inconnus, un regard effrayé. J'avais déjà pivoté sur ma chaise, un bras sur le dossier prêt à me lever à mon tour, mais un froncement de sourcils m'ordonna de me rasseoir. C'est une douleur de femme, pensai-je, une histoire de dignité où tu n'as pas ta place. Et je fis signe à Julien et Nicola que tout allait bien, qu'il fallait continuer à boire. Je tendis même mon verre. Seul Franck, qui était assis à côté de moi, savait que je mentais. Souriant à son tour il me dit à voix basse Les femmes veulent que nous les voyions belles, alors nous les murons dans le silence.

Le silence des hommes.

Je voyais Marine dont les bras s'étaient refermés sur les épaules et le dos de Kim, comme pour empêcher qu'elle ne se disloque ou ne fonde, leurs cheveux qui se mélangeaient, je pouvais sentir son souffle familier sur la nuque de Kim et, fugitivement, je pensai à ma mère. Puis je fis semblant, à mon tour, de sourire à Franck et je revins aux conversations de notre table. Le bruit de la salle, qui n'était que du bruit puisque nous ne saisissions pas un mot de ce qui se disait là, le bruit de la salle formait dans son incompréhensible et inlassable agitation une sorte de bande-son, un fond comme dans un film dont nous étions les acteurs sans script.

Pour notre troisième pichet le choix de Julien s'était porté sur une vodka au poivre dont l'aspect rappelait les solutions utilisées par les dentistes, pour rincer les bouches de leurs clients et sans doute aussi pour leur rafraîchir l'haleine, la vodka ayant la même couleur rose mais d'un rose agressif dont on devinait qu'il n'était qu'un rouge infusé, dilué, le mélange d'épices ayant été placé dans le fût après la distillation et non à la manière d'un filtre pendant celle-ci, comme c'est le cas pour le gin par exemple. La coriandre et le genièvre étaient ici remplacés par des baies plus pimentées qui corsaient son arôme, cueillies encore jeunes et séchées peu de temps pour leur conserver leur complexité, un arrière-goût, la vodka, plus forte à l'attaque du palais, le nettoyant de la pellicule grasse laissée par les derniers poissons fumés de l'entrée, glissant vite sur la glotte et déployant alors son goût : non de poivre mais de terre, de grands espaces et de forêts sombres, rendues silencieuses par la neige, où filerait un cavalier recouvert d'une fourrure, loup fantastique chevauchant une licorne, qui hurlerait dans une langue inconnue.

Chacun ferma les yeux quelques secondes.

Cette vodka au poivre était une gorgée de rêve guerrier, d'hiver et de chasse.

Je crois que c'est à partir de là que la soirée a basculé.

Aux tables voisines, des couples se levèrent en riant. Un homme à notre gauche, debout, inclina son buste en arrière et se rengorgea comme s'il s'agissait de prendre du recul, admirant avec des éclats de voix sa partenaire qui minaudait, plus fière ou plus timide, écarta ses grands bras et lui montra ses mains puis, les refermant en rythme, fit claquer ses doigts sur ses paumes en une invite douteuse, le sourire éclatant, quand les premières notes de musique trouèrent le brouillard des voix, lancées depuis une scène improvisée que nous n'avions pas même remarquée, à quelques mètres seulement derrière nous. Le patron, hilare, y tenait par le col deux accordéonistes moustachus qui paraissaient, à ses côtés, des nains ou des enfants étrangement pubères. Dans un rictus d'arlequin, content de lui et de sa farce, il fit un clin d'œil appuyé en direction des cuisines. Quelques chaises tombèrent. Une acclamation parcourut la salle où tout le monde s'était à présent levé et nous mîmes quelque temps avant d'apercevoir, en nous contorsionnant, qui marchait au milieu de ce triomphe, la chanteuse dont les premières vocalises avaient peine à couvrir les applaudissements. Le patron, lui tendant la main pour qu'elle le rejoigne, lâcha les musiciens qui manquèrent de s'affaisser comme des pantins qu'il aurait jusque-là soutenus. Natalia ! Natalia ! hurla-t-il. Et, ses bras tendus vers elle, ses manches remontaient, laissant voir les deux montres d'or massif dont les feux faisaient concurrence aux lustres. Natalia ! Natalia ! reprenait la foule enivrée des clients, tapant dans leurs mains, les faces de plus en plus rouges. Et la Natalia continuait d'avancer lentement, ne cherchant plus à chanter quoi que ce fût dans ce vacarme, les yeux baissés, ployant sans doute sous le poids du fard, improbable majesté de cette cour miraculeuse. Autour de son visage rayonnait une crinière de mèches colorées, dont la masse oscillait en même temps que sa tête, au rythme lent de ses pas. Franck me glissa quelque chose comme Tiens, ils ont encore des chanteuses en pull-over, et en effet Natalia portait une sorte de tricoté main en mohair vaporeux rouge, très largement décolleté. À cause de l'échancrure profonde que le pull accusait entre ses deux seins on ne voyait qu'eux et le ruban de satin tendu entre les bonnets de son soutien-gorge et l'on ne remarquait ainsi du tricot que son encolure, la bordure collée à la chair qui se soulevait avec elle à chaque inspiration et qui en laissait apercevoir parfois à peine un peu plus, quelques centimètres carrés de rondeur blême, une promesse.

Julien décida qu'il ne toucherait pas au koulibiac de saumon. Peut-être qu'il repensa à l'affichette qu'il avait aperçue en entrant, la photo agrandie du journal où le plat lui avait semblé évoquer la noyade ou quelque gangrène effroyable. À la place il se resservit une vodka rose, plus appropriée à la situation, dit-il. Et nous rîmes en trinquant une nouvelle fois. La première chanson commençait :

Otchi tchornyé
Otchi strassnyié

Décidément la Russie vue de Brooklyn n'était déjà plus une nostalgie : tout au plus un exotisme, le même que partout ailleurs. La complainte racontait l'histoire d'une jeune fille aux yeux noirs, qui descendait de l'Oural. C'était une histoire triste, évidemment slave et romantique.

Otchi jgoutchié

I pries krasnié

Le maquillage charbonneux de la chanteuse lui composait un visage de tragédienne qui s'accordait mal avec sa coiffure hirsute, creusant son visage, de deux orbites immenses la faisant ressembler, de loin et lorsqu'elle fermait les yeux, à un animal vieux et pensif, lui donnant en fait l'allure d'une grosse chouette de théâtre pour enfants. Elle prolongeait les *s*, roulait indéfiniment les *r*, semblait enrouler les *l* autour de sa langue et, quand les *k* et les *b* arrivèrent, ce fut une explosion de désespoir qui transforma le micro en tambour.

Kak lioubliou ya vas

Kak baîouss ya vas

Sur la fin du refrain, elle allongea encore les syllabes, les étira seulement sans les moduler, mais descendant loin sous sa tessiture de mezzo, avec une voix presque d'homme, une voix de basse de femme en quelque sorte. Les petits moustachus ne jouaient plus, attendant sans doute de reprendre de plus belle, repliant les accordéons de sorte qu'on n'en voyait même plus les soufflets. Elle jeta sa tête en arrière pour la finale, le micro, tenu seulement du pouce et de l'index, pendu mollement à la verticale de sa bouche qui menaçait de l'engloutir tout entier. Son autre bras se déployait vers l'assistance, le coude cependant collé tout contre sa poitrine, projetant la masse arrondie, indécente, d'un de ses seins contre l'autre, jusqu'à ce que se dessine nettement, dans son décolleté, à cause de la ligne franche à l'endroit où ils se pressaient, l'image obscène et irréelle de fesses et non d'un buste.

Znaîti ouvidiel
Vniedobryi tchas

Puis, ce ne furent plus que *lalalas* martelés par des centaines de pieds et de mains battant joyeusement la mesure. Les musiciens faisaient pleuvoir des notes tonitruantes comme s'ils avaient soudain, chacun, une paire de bras en plus. Natalia était redevenue la chanteuse en pull-over, simplement debout, souriante, les mains derrière le dos, provinciale en quelque sorte, à des milliers de kilomètres de l'Oural dont parlait la chanson, starlette exilée à Little Odessa.

J'ai vidé mon verre de vodka et j'ai détourné les yeux.

Non loin de notre table, un cercle s'était formé, au milieu duquel un vieillard tout en os, serré dans un habit en tweed usé, dansait à la manière des cosaques, rebondissant d'un pied sur l'autre, tendant devant lui la jambe opposée, bien raide, les bras à l'équerre du buste, chaque main, aux doigts noueux et veinés tels des sarments secs, chaque main agrippant l'autre coude, la bouche grand ouverte où brillaient des pépites dans le noir, hilare, produisant des efforts inconsidérés pour continuer de sautiller en rythme malgré le vacarme des accordéons soutenu par les centaines de pieds et de mains qui tambourinaient toujours, les épaulettes de son complet lui remontant au niveau des oreilles, les yeux plissés comme résistant à la douleur ou comme se concentrant pour en jouir, le cou, rouge, pomme d'Adam saillante, luttant pour s'agrandir, cognant tel un bélier contre le nœud d'une cravate en soie amidonnée, raide et mince, la bouche s'élargissant encore, caverne, gouffre ouvert par quelque séisme entre les montagnes de ses pommettes ravinées de rides, les yeux bientôt fermés tout à fait, simples fentes, crevasses, et à chaque seconde semblait apparaître une nouvelle veine, le long de la trachée d'abord, annelée comme un ver, battant le sang et le peu d'oxygène plus vite que la musique, bien plus vite, puis aux tempes une autre très grosse mais moins raide, avec des circonvolutions de fleuve contrarié, obligé de filer sous les quelques cheveux qu'il avait au-dessus des oreilles, et enfin le cou se couvrit de ramures dont la rougeur se diffusa jusqu'au visage, comme si tous ces vaisseaux se mettaient à éclater, comme un incendie, feu trop longtemps couvé sous cette peau trop pâle, la béance de sa bouche se mettant à pulser mais en vain, des gouttes de sueur s'échappant de son crâne, allant s'écraser au plancher alentour, trop tard pour lutter contre le brasier du sang, et d'ailleurs, de ces gouttes projetées on aurait pu s'étonner, si on en avait eu le temps, qu'elles ne fussent pas rouges elles aussi, mais soudain les yeux lâchèrent les premiers et se dessillèrent ; derrière les paupières ils étaient vides et blancs ; un dernier soubresaut assit le vieillard sur les fesses, puis il bascula vers l'arrière, une jambe encore tendue à sa verticale ; l'on se précipita, mais il était mort.

Il y eut quelques cris de femmes et une bousculade d'hommes.

Sur la scène, la chanteuse avait porté ses mains à son visage comme un enfant qui veut voir et croit qu'il n'en a pas le droit.

Julien observait d'un œil mauvais le pâté de poisson. Dans sa main, il faisait tourner un verre presque vide.

Deux serveurs, qui avaient empoigné fermement le cadavre, suivaient vers les cuisines le patron braillant et gesticulant. Une table fut débarrassée à la hâte. Les deux hommes pourtant forts semblaient avoir un mal fou à supporter le corps, qui ne devait pas être bien lourd mais qui était incroyablement mou, ses fesses frôlant le sol, se balançant à chaque pas des porteurs, celui qui le soutenait par les épaules butant régulièrement contre son dos, obligé de se courber considérablement pour le porter à bout de bras le plus loin possible devant lui, l'étrange convoi brinquebalant ainsi péniblement jusqu'à la table où un troisième garçon les aida à maintenir le mort à peu près à l'horizontale pour le déposer avec le plus de dignité possible, ou plutôt de cérémonie car de dignité il n'était plus question depuis longtemps.

J'entendais Franck, penché sur mon épaule pour regarder la scène derrière moi, murmurer que c'était impossible, mais je ne savais pas au juste de quoi il parlait. Le vieux était mort et on l'avait bel et bien allongé sur une table de banquet. On avait rajusté ses vêtements, on lui avait fermé la bouche et les yeux. Je crois même qu'on lui avait rentré la chemise dans le pantalon, parce qu'elle en était sortie pendant qu'on le trimbalait. Plusieurs femmes, qui étaient peut-être ses filles ou les femmes de ses fils, lui épongeaient le visage avec un mouchoir et se le passaient ensuite pour essuyer leurs propres pleurs. L'une d'elles finit par se moucher dedans. Elles le touchaient, elles lui prenaient la main et la pressaient contre leur joue.

Pourtant ce n'était qu'un détail de l'agitation qui régnait alors dans le restaurant. De l'autre côté de la salle, quelques couples attendaient, près de la caisse, de pouvoir sortir après avoir payé un dîner inachevé, cependant que le patron précipitait hors des cuisines une armée de serveurs chargés de pichets multicolores qu'il adressait, d'une lourde tape sur l'épaule ou dans le dos, vers les tables. Tournée générale! sourit Julien. Et, en effet, nous avions droit nous aussi à notre pot rose pâle, déposé à la hâte. Les conversations reprenaient. Les accordéonistes jouaient en sourdine, près du cadavre, quelque chose de lent et de triste comme une marche. Un garçon plus âgé que les autres, chef de rang ou maître d'hôtel, sermonnait Natalia effondrée et la secouait par les épaules. Il faudrait rechanter.

Du regard je cherchais Marine et Kim du côté des vestiaires et des cabines téléphoniques, mais je vis Marine seule qui revenait vers nous, son manteau sur les épaules. Elle traversa la salle sans remarquer le cadavre et je m'étais déjà levé lorsqu'elle est arrivée à notre hauteur. En souriant elle expliqua qu'elle allait rentrer avec Kim qui, non, n'allait pas bien et, oui, c'était à cause de Guillaume, mais elle m'expliquerait plus tard. Je savais qu'elle se forçait pour sourire. Elle avait un pli au front qui la démentait, elle était préoccupée, peut-être même en colère. Non, elle n'avait pas envie qu'on rentre avec elles. Oui, elles prendraient un taxi, elles feraient attention. Non, il ne fallait pas s'inquiéter. En l'embrassant je sentis qu'elle était plus forte que moi, cela n'avait rien à voir avec la vodka et Franck avait raison, ce n'était peut-être qu'une apparence qu'elle se donnait et même peut-être seulement une réponse à la faiblesse des hommes, mais je sentis qu'elle était forte, que son amour à elle c'était des gestes et non des sentiments. Je me sentis très seul lorsque je me rassis.

Heureusement Julien commençait à être vraiment saoul, et Franck me servit un autre verre. Nicola nous parla de Guillaume et de Kim, nous dit que les derniers temps avaient été durs. Guillaume avait dû faire toutes sortes de petits boulots à son arrivée, mais il trouvait cela humiliant et depuis quelques mois il ne faisait plus rien. Kim, de son côté, trouvait humiliant qu'il ne fasse rien. Nicola disait qu'elle comprenait Guillaume, que trouver n'importe quel job, un travail qui ne soit pas un métier en somme, c'était une attitude très américaine. Mais elle disait cela pour nous faire plaisir, parce que nous étions les amis de Guillaume. Elle ne pouvait s'empêcher d'ajouter qu'à New York, cependant, la vie était si chère qu'il était impossible de ne rien faire. Elle fit remarquer aussi que, depuis les attentats, il y avait moins d'offres d'emplois et que nombreux étaient les gens qui acceptaient des boulots pour lesquels ils étaient trop qualifiés. Bref, elle était de l'avis de Kim.

Julien étendit sa main. Du bout des doigts, il effleura son bras au-dessus des joncs d'argent. Elle s'interrompit et le dévisagea, étonnée. Julien lui sourit et lui dit d'une voix douce, cotonneuse, étrangement calme dans son état, qu'il n'avait pas tout compris, qu'il ne parlait sans doute pas bien anglais mais que tout cela n'était pas grave, il lui dit que la seule chose qui comptait pour lui, Julien et pour nous, Franck et Thomas, c'était que Guillaume était notre ami, qu'il pouvait nous faire traverser l'Atlantique pour un dîner où il ne venait même pas et que cela n'avait aucune importance, parce qu'il n'avait aucun compte à nous rendre.

Alors nous recommandâmes un pichet de nouveau offert par la maison, buvant d'un trait, vidant nos verres en projetant directement l'alcool en fond de gorge comme une cascade, un torrent se brisant sur la glotte, nous trinquâmes à Guillaume, à l'absent. Nicola ne fit rien pour retirer son avant-bras de la caresse de Julien et même elle se pencha à son oreille, lui dit quelque chose que je n'entendis pas. Puis elle se leva, l'invita à danser.

Franck remplit une nouvelle fois nos deux verres. Il cala son épaule contre la mienne et admira en souriant leur valse titubante. En riant il répéta À Guillaume ! À l'absent ! Et levant un peu plus haut son godet devant nous il ajouta À ce pauvre vieux aussi, il l'a bien mérité !

Et en effet derrière nos assiettes maculées, couverts croisés en travers, derrière le plat de koulibiac à peine entamé, chair blanc et rose truffée de noir, arrachée, déchirée selon des filaments qui montrent la forme du muscle sous la peau grasse et épaisse, derrière les pots, pichets, tous les verres qu'on nous apportait à chaque nouvelle vodka et qu'on avait fini par mélanger, comme si nous étions là une bonne vingtaine à boire et à laisser tous ces vestiges, ces cadavres comme on dit, derrière la chaise tournée de Julien, sa veste froissée sur le dossier où pendait aussi sa cravate, vite enlevée, derrière les lustres clinquants aux pendeloques jaunes, le ballet des serveurs en livrée qui apportaient maintenant à certaines tables des cigares qu'on ne trouvait pas d'habitude en Amérique, achetés à la boutique du personnel de l'ambassade de Russie – des cubains à cape sombre reconnaissables à leurs bagues –, derrière les costumes noirs endimanchés et les femmes au regard en amande qui se montraient leurs bijoux, derrière les couples qui dansaient, Julien et Nicola, presque immobiles, murmurant sans doute, sa bouche à lui très proche de son oreille ou de son cou à elle, derrière Natalia et son front brûlant, consolée à présent par le patron lui-même qui lui tenait la main et lui tendait son mouchoir, derrière les deux petits moustachus qui faisaient ce qu'ils pouvaient pour continuer le spectacle sans elle, on distinguait encore, image entraperçue comme un pressentiment que tout cela devait finir, le corps du vieillard oublié là, allongé sur la table de banquet, un cendrier et quelques verres vides posés à côté de lui, pauvre vieux. On avait étendu sur son visage bleu une serviette de table.

Sur la plage de Brighton Beach, la nuit avait fini par tomber du côté de l'océan noir. Longtemps le ciel demeura rouge pourtant derrière Manhattan, et Guillaume dut se sentir comme sur un seuil, une frontière entre les mondes. Puis le crépuscule disparut tout à fait, occulté non par la nuit mais par la lumière de la ville elle-même. New York, qui ne dormait jamais, s'entourait d'une sorte de bulle, un halo orangé, très pâle. Des millions de fenêtres s'allumaient et s'éteignaient à chaque seconde. Les flèches des plus hauts gratte-ciel s'illuminaient comme des sapins de Noël, les ponts qui suspendaient l'île: leurs guirlandes. Même à l'est bientôt et jusqu'à l'horizon le ciel fut trop clair pour espérer y surprendre une étoile.

Cela avait été la première émotion américaine de Guillaume, des années auparavant, lorsqu'il était venu rejoindre Kim: le soir de son arrivée elle l'avait emmené, à la tombée du jour, au Windows on the

World, qui était le restaurant perché au dernier étage d'une des tours jumelles du World Trade Center. Ils n'avaient pas les moyens d'y dîner mais il y avait là un bar dont les fauteuils étaient confortables. On pouvait y prendre un cocktail en jouissant du même paysage panoramique que les clients du restaurant. En effet, le dernier étage était construit comme un manège ou une horloge et tournait, mais très lentement, de sorte qu'en une heure à peine, pour peu qu'on soit installé près d'une fenêtre, on avait eu une vue imprenable à la fois sur la statue de la Liberté et sur Central Park, le pont de Brooklyn et le New Jersey. Guillaume n'en crut pas ses yeux. C'était à cette même heure où la ville semble se réveiller en s'allumant. Ils avaient pris tous deux un Long Island Iced Tea, c'est un cocktail assez fort à base de vodka et de gin, qu'ils firent durer à la paille tout le temps du panorama. Lorsqu'il était revenu en France, Guillaume m'avait dit qu'il n'avait jamais assisté à pareil spectacle, avant, qu'il n'avait jamais été impressionné, comme cette fois-là, par la puissance de l'homme : aussi loin qu'on pouvait regarder, me raconta-t-il, c'était encore la ville et sa lumière dorée, scintillante, où il n'y avait plus d'horizon, plus de paysage. La nature avait disparu, remplacée par un monde entier de béton et d'électricité, d'asphalte, de bruit, d'activité, les voitures, des millions, me disait-il, les voitures vues de si haut sillonnant ce dédale comme une colonie gigantesque de fourmis et tout cela dégageant une impression proprement fantastique qu'ici s'achevait, en quelque sorte, le rêve des hommes depuis les premières cités mères amérindiennes d'une ville qui recouvrirait tout, où l'on parlerait toutes les langues, en perpétuelle construction, d'une civilisation qui ne pourrait plus s'éteindre, jamais ; un endroit, sur terre, où nous serions comme des dieux.

Ce n'était pas le sentiment qu'on pouvait avoir, vu de la plage de Brooklyn où seule se découpait, de Manhattan, la ligne des immeubles sur le ciel.

Et le ciel, lui, était vide.

Guillaume s'était assis sur le sable. Il avait remis sa veste parce qu'il commençait à faire froid. Peut-être qu'il en avait même remonté le col sur sa nuque et qu'il le maintenait fermé sur sa poitrine, pendant que de l'autre main, lentement, il cherchait dans sa poche le paquet de cigarettes, l'ouvrait, en retirait une qu'il portait à ses lèvres avant de replonger à la recherche du briquet, puis l'allumait et tirait longuement la première bouffée, rangeait de nouveau le briquet dans la poche, avalait la fumée, le clope encore à la bouche, le tordait vers le haut, recrachant le fin nuage blanc, pour ne pas en prendre dans le nez ou les yeux, l'attrapait enfin entre l'index et le majeur, très près de la naissance des doigts, obligé d'écarter le pouce contre la joue, tirait une seconde goulée sur la tige et l'arrachait des lèvres où elle avait séché, avec un petit bruit de bouchon, gardant cette fois la fumée plus longtemps avec le sentiment, peut-être, de se réchauffer un peu.

Tout cela je l'imagine, bien sûr, parce qu'il ne me l'a jamais dit, on invente toujours les détails. Je sais qu'il était seul, sur la plage, qu'il n'est pas venu au dîner qu'il avait organisé.

Je sais que New York, tous les soirs, embrase le paysage, que sa lumière mange le ciel.

Je sais que là-bas il n'y a pas d'étoiles.

Quand nous étions gamins, j'allais souvent chez Guillaume, même le soir. Il y avait un jardin et, au fond, dans les bouquets de branches d'un jeune châtaignier, nous avions aménagé une cabane dans laquelle nous avions le droit de dormir lorsqu'il faisait beau. C'est là que patiemment nous avions appris le nom des étoiles et des constellations comme si nous dussions les visiter un jour. Plusieurs soirs par semaine, pendant les mois chauds, nous recomposions le ciel en partant de l'étoile du Berger, la plus visible et toujours la première apparue, puis de la Polaire et descendant de là pour former la Petite Ourse, qui n'avait l'air de rien, sautant ensuite à la Grande Ourse, beaucoup plus réaliste dès lors qu'on retrouvait ses pattes et sa gueule, mais ce n'était pas évident, la même forme que pour l'autre apparaissant d'abord, une forme de n'importe quoi, de casserole ou de casquette à la visière trop longue, cependant une fois que nous avions la Grande Ourse, tout devenait facile. Entre elle et la Petite il y avait le Dragon et, à l'opposé de l'étoile Polaire, le W de Cassiopée sous lequel une autre casserole armée de pattes, à l'envers, bondissait, c'était Pégase au long cou, dont nous prolongions arbitrairement la jambe antérieure jusqu'au Cygne, pour éviter qu'il ne ressemblât plus à un kangourou qu'à un cheval, et tant pis pour le Cygne amputé d'un segment de sa queue, cela lui donnait une allure de cigogne un peu lourde, peut-être portant un bébé ce que pouvait très bien être, au bout d'une cordelette imaginaire, le petit losange de la Lyre. Notre exercice qui avait d'abord été un apprentissage est donc devenu avec le temps un jeu de modification lente, faisant muter les dessins des constellations pour qu'elles ressemblent plus à leur nom et puis un jour sautant le pas d'en concevoir d'inédites, se retrouvant alors devant le problème difficile et nouveau de leur donner un nom à leur tour.

Bientôt le besoin se fit sentir de les cartographier.

Je ne sais pas si Guillaume a gardé toutes ces feuilles quadrillées, mais nous dûmes en noircir des centaines, nous contentant au début de compléter le bestiaire fabuleux du ciel avec des alligators et des tigres, transformant Cassiopée en chauve-souris et les Gémeaux en méduse, se servant des Poissons pour redonner des ailes à Pégase et, empruntant au Verseau, le changer finalement en licorne puis, nous affranchissant de plus en plus de la carte imprimée qui nous avait appris à les reconnaître, se mettant à représenter des châteaux et des armées en marche, des chaînes de montagnes enneigées par la Voie lactée et tout un peuple de monstres ailés qui s'en élançaient à l'assaut du monde. Nous en avons rempli, de ces feuilles, avec des dessins compliqués qui devaient toujours emprunter, c'était là tout l'intérêt du jeu, le chemin d'étoiles qui existaient vraiment, comme on prend à la vie pour raconter des histoires. Je me souviens qu'un soir il m'avait tendu fièrement sa dernière invention, me disant On ne peut pas faire mieux, et c'était vrai, d'ailleurs on n'a pas tenté, son dessin est devenu un modèle qu'on n'a cessé ensuite d'améliorer, mais par des riens, modifiant des détails : il avait eu l'idée de nous représenter, nous deux, entourant un autre personnage dont le visage était construit autour de l'étoile Polaire, avec des rais de cheveux qui partaient tout autour et nous enveloppaient, c'était Fanny. Je l'avais tout de suite reconnue.

Les nuits d'après il suffisait de regarder le ciel, de voir apparaître peu à peu ses yeux, se dessiner sa bouche.

La nuit passait et les figures de Guillaume et de moi tournaient autour de la sienne.

Je crois que je pourrais les reconnaître encore, pourtant je n'avais pas repensé à ces détails depuis bien longtemps. Il y a toujours quelque chose qui finit par nous couper de notre enfance et, lorsque ce n'est pas nous qui avons changé, nous croyons que c'est le monde, autour de nous, nous croyons que ce sont les événements qui veulent ça, cet éloignement, nous ne voyons pas que c'est seulement le temps qui passe et que rien ne change, à part la mort, au bout du compte. À chaque génération il y en a qui demeurent, oubliés, sursitaires, pendant quelques années. Ils ont survécu à tous leurs amis, parfois à leurs enfants, et mesurent l'étendue du désastre. Il faut être très vieux et très seul pour comprendre ça.

Le soir tombait sur Manhattan charbonneux, aux allures, de loin, de gigantesque usine sortie de terre à l'heure de la vapeur, avec ses tours, ses grues imbriquées les unes dans les autres par le jeu de l'ombre chinoise tels des amas de machines et de cheminées, friche industrialisée construite en grignotant sur les marais, abandonnant ses décombres pour continuer à pousser un peu plus loin, un peu plus haut, comme un roncier qui s'étouffe lui-même mais ne peut s'empêcher de gagner du terrain.

Terre brûlée. Débris. Poussières.

Hommes, le visage blanchi comme ceux des cadavres, hommes debout dans les cendres, tentant, vainement, de les retenir dans leurs poings fermés, qu'ils dressent vers le ciel en pleurant.

Il faudrait en vouloir à Dieu.

Entre ses doigts, ouvrant la paume de sa main,

Guillaume laisse filer le sable qu'il puise à ses pieds, sur la plage. Je peux le voir comme si j'avais été là. Il regarde s'écouler les rivières minuscules, tente d'en réduire le débit en refermant ses doigts, pour que cela dure plus longtemps. Le filet est si mince qu'il devient parfois une sorte de goutte-à-goutte. Il semble à Guillaume qu'avec un œil plus vif il pourrait en compter les grains, mais toujours s'échappent les poussières les plus fines, qui forment autour des autres comme un tremblement, une vapeur dispersée par le vent, trop légères pour prendre un chemin vertical, trop petites pour qu'on les voie dès qu'elles s'en écartent, contribuant pourtant à creuser inexorablement, aspirer le sablier improvisé dans sa paume. Et Guillaume recommence, pendant des minutes, comme si ce geste devait devenir inlassable, comme s'il pouvait devenir l'objet d'une contemplation. Son regard est ensemble vague et concentré, parce que le mouvement du sable est trop furtif, à la fois pour qu'on le remarque sans y prêter attention, et pour se laisser détailler quand on l'a vu. À l'horizon, la mer est devenue noire. On n'en distingue plus que des lignes irrégulières d'écume illuminées par la ville, crêtes d'invisibles vagues qui ne sont plus qu'un bruit, un fracas incessant, régulier, lorsqu'elles se brisent en bouillonnant à quelques mètres devant lui. Son esprit se vide. Le mouvement de sa main devient machinal et le temps de nouveau file entre ses doigts sans mesure, impalpable, sans qu'aucun grain, sans qu'un instant ne puisse être isolé, ne soit plus haut que l'autre, seulement se dispersant dans le vent de la nuit en quittant sa main. Aucune observation objective ne peut faire la différence, dans cet écoulement, entre le grain d'avant et le grain d'après. Le temps n'est qu'un souffle qui traverse l'espace et l'anime.

Que les secondes qui s'égrainent finissent par faire des années, c'est le seul mystère ; que nous finissions par vieillir, alors qu'à aucun moment précis nous n'avons changé.

Guillaume ferma les yeux. Il se sentit fatigué. C'est vers minuit qu'il a dû retourner du côté de Coney Island, abandonnant définitivement l'idée de contourner Little Odessa par Brighton Beach.

Il n'a pas laissé de mot. Il a disparu.

Deuxième partie

Je me souviens que lorsque j'étais enfant je faisais des rêves étranges, des cauchemars plutôt, dans lesquels je mourais, c'était toujours le même.

Je me retrouvais abandonné, sur une route de montagne incroyablement raide, c'était un soir d'orage très violent et la chaussée était si glissante que je devais ramper pour m'y tenir.

Des voitures filaient à des vitesses d'avion, elles me frôlaient, leurs phares m'éblouissaient. Dans le premier virage, que j'atteignais après ce qui me semblait des siècles de lutte, je n'avais plus de force. Je criais mais la tempête couvrait ma voix de petit garçon. Tout me poussait vers le ravin.

Chaque fois, je finissais par lâcher prise.

Lorsque Marine avait raccompagné Kim à son appartement de Broadway, Guillaume évidemment n'y était pas. Les jours suivants, nous nous installâmes chez elle pour attendre son retour, mais il ne revint pas.

L'automne assombrissait doucement le ciel entre les immeubles.

Julien était rentré en France et Franck à Washington. Il y eut des coups de téléphone, mais jamais celui qu'on attendait. J'appelai quant à moi ses frères, ses parents, en tâchant de ne pas les alarmer, prétextant un rendez-vous manqué : personne ne savait où pouvait être Guillaume, évidemment.

Kim s'est remise à fumer. Je ne savais pas quoi lui dire. Notre avion repartait le lendemain, pour Paris.

Rome est une ville facile à vivre, parce qu'elle est d'un exotisme familier : on peut y demeurer longtemps en restant à la surface des choses. Il me fallut quelques jours, à profiter des terrasses de cafés et des promenades dans les jardins de la villa Borghese, sur la colline du Pincio, quelques jours pour m'acclimater comme une plante à la chaleur excessive. J'étais parti parce que Kim avait reçu une lettre de Guillaume, dans laquelle il disait qu'il partait vivre à Rome, une lettre qui perçait soudain un mur de silence de deux ans et que Kim avait pris le temps de taper pour me l'envoyer, que j'avais moi-même lue ensuite à Julien, et par téléphone à Franck, et à Geoffroy, enfin, qui habitait Rome.

Je savais qu'il me proposerait de m'héberger. Ce séjour avec lui me ferait du bien.

J'ai fait souvent des rêves de mort et d'abandon. Il paraît que c'est fréquent. Ils me faisaient peur. Je les provoquais en les redoutant. Je m'endormais en pensant que je pourrais me réveiller seul au monde, comme si c'était ma vie qui, jusque-là, avait été un rêve, comme si ma mère pouvait disparaître, sans prévenir, à la faveur de la nuit.

Je luttais contre le sommeil, mais je n'étais qu'un enfant. Il finissait toujours par me prendre, épuisé, tordu, les cheveux en broussaille, les poings refermés sur mon oreiller, en pleurant, lorsque mes bâillements finissaient par étouffer mes sanglots.

Je les avais oubliées, ces peurs de gosse.

Je ne me les suis rappelées qu'à la mort de ma mère.

Je suis arrivé chez Geoffroy un matin, par le train de nuit que je n'avais pas pris depuis l'époque lointaine du service militaire, retrouvant à la fois l'excitation et la gêne de cette intimité fugace avec des inconnus, les quelques mots échangés de pure politesse avec les plus habitués qui prennent rapidement le contrôle du compartiment, abaissent leur couchette, distribuent couvertures grises et oreillers sous cellophane, fixent l'heure de l'extinction des feux, se renseignent sur les destinations de chacun et font une mine pensive et renfrognée lorsqu'un des voyageurs dit qu'il descend à Pise, parce qu'on sera réveillés au milieu de la nuit. Le couloir étroit aussi était plein de cette agitation incessante. Il y a les gens qui cherchent leur place, ceux qui se rendent au wagon-restaurant, aux toilettes, ceux qui feront toute la soirée des allers-retours jusqu'aux portes, entre deux voitures, pour fumer des cigarettes, et il y a ceux enfin, comme moi, qui vont rester longtemps à la fenêtre à regarder passer le paysage, jusqu'à ce que la nuit noire transforme la vitre en miroir où l'on s'aperçoit comme en rêve, fatigué, défiguré parfois par les lumières d'une gare, simple image prête à s'effacer, finissant par s'asseoir le dos contre la porte du compartiment où les autres dorment, les jambes repliées. Au début on se relève pour laisser passer ceux qui se déplacent encore et puis, au bout d'un temps, lorsqu'il n'y en a plus beaucoup, on se laisse enjamber, jusqu'à ce que plus rien ne bouge que le train qui nous emporte recroquevillé par la nuit, les mains froides.

Pendant tout le trajet, j'ai tenté de me représenter une nouvelle fois la soirée que Guillaume avait passée sur la plage de Coney Island, pendant qu'à quelques kilomètres à peine nous nous tapissions l'estomac de poissons gras fumés que la vodka attaquait comme un solvant.

J'imaginais des attitudes que je lui connaissais. J'ajoutais des détails. Je trahissais ses pensées dont je ne pouvais rien savoir. Dans la lettre que Kim avait reçue, il était seulement écrit J'ai marché très longtemps et je me suis assis.

C'était un désastre.

Je ne savais rien, dans les détails.

Pendant tout le trajet, j'ai tenté de retrouver des souvenirs d'enfance qui, à moi, me paraissent si lointains : dans le village où nous avions grandi, le vieux un peu bizarre qui habitait derrière la gare, avions-nous jamais su son nom ? Fanny s'appelait-elle Fanny ou était-ce un diminutif de Stéphanie ? Quel âge avais-je exactement lorsque j'ai rencontré Guillaume ? Les couloirs de l'école étaient-ils bleus ou jaunes ? Avais-je vraiment la tête qu'on me voit sur les photos de l'époque ?

Je pouvais toujours inventer les détails, il n'y avait que Guillaume qui savait.

Il était devenu toute mon enfance et ma mémoire depuis que, moi, j'en avais été séparé. Je n'étais encore qu'un adolescent quand ma mère est morte.

Geoffroy était très grand, et son visage, tout en longueur et sans angle, était une peinture de la douceur. Il souriait la plupart du temps. Lorsque quelque chose le mettait en colère, ses sourcils en arcs et ses yeux clairs ne savaient exprimer, au pire, que la perplexité. L'Italie avait encore accentué sur ses traits cette impression de calme en les couvrant d'un hâle léger, doré comme un pain cuit à l'huile d'olive.

Lorsque je suis arrivé dans le studio qu'il avait loué trois semaines pour nous, au rez-de-chaussée d'une cour de palais dont la façade brune se lézardait dangereusement au soleil depuis des siècles, il est venu m'ouvrir torse nu, ses deux pieds gigantesques dépassant d'un pantalon de toile trop court, les bras grands ouverts, l'un tenant le battant de la porte et l'autre m'agrippant à l'épaule, me précipitant contre lui avec force, me faisant lâcher mon sac de voyage, me poussant ensuite devant lui dans la pièce assez grande, meublée simplement, il referma la porte, me dépassant en deux enjambées, me laissant planté devant le canapé et la table basse en bois clair, contournant le bar qui cachait une cuisine de deux mètres carrés, partagea dans deux tasses le café préparé dans une *machinetta*, me proposant Bois ça, c'est l'Italie ! Puis il m'expliqua qu'à part les livres et deux ou trois vêtements qu'il lavait au fur et à mesure qu'il les mettait, parce qu'ici ça sèche en une heure, disait-il, À part cela j'emporte toujours cette cafetière avec moi, elle est magique. Et en effet je remarquai alors que le studio était vide, que ses affaires se réduisaient à ce qu'il avait annoncé, un petit sac de sport, en cuir noir, au pied du bar à l'américaine.

Geoffroy était rentré, sept ou huit ans auparavant, dans un monastère du Sud de la France où, adolescent, il avait passé toutes ses vacances.

C'est Julien qui m'avait envoyé là-bas. Il ne m'avait pas beaucoup laissé le choix, il paraît que j'étais mal en point mais je ne m'en souviens pas. Ma mère venait de mourir et Guillaume était déjà parti aux États-Unis. Autour de moi, les gens commençaient à travailler et je les voyais moins, d'ailleurs c'était par un collègue, je crois, que Julien avait eu l'adresse du monastère.

C'était l'hiver et le monde s'écroulait, j'avais dix-neuf ans. Je ne croyais pas en Dieu, mais je n'avais rien de mieux à faire.

Les étés, nous les passions au bord de la mer, dans une petite maison à laquelle on accédait par une route de terre, une piste qu'on appelait le Corail, peut-être parce qu'elle était d'un ocre orangé, ou qu'elle encerclait le domaine, à peu près sauvage, en faisant le tour des collines avoisinantes comme d'une île, coupée du monde.

Le matin, avant que le soleil ne monte dans le ciel et transforme notre vallée en désert chaud et immobile, j'étais réveillé par les accords rythmés d'un impromptu de Schubert au son duquel ma mère exécutait son indispensable barre, sur la terrasse. J'entendais, derrière mes volets, le frottement sur la pierre de ses chaussons de danse à la semelle blanchie.

Puis nous déjeunions, de pain beurré et de thé noir, elle pouvait en boire des litres. La journée s'écoulait en lectures et en jeux solitaires, dans le maquis, aux abords de la piste. À part de rares discussions, il n'y avait plus, jusqu'au soir, que le chant des invisibles cigales, inlassable, assourdissant.

C'était une enfance douce.

Le temps d'un été, au bord de ma mère, une enfance heureuse.

À l'heure de la *passeggiata* où des fleuves de Romains remontent l'artère qui court du Capitole à la place du Peuple, de boutique en boutique, donnant pourtant le sentiment que c'est la rue qui se montre en vitrine, par grappes de garçons et de filles apprêtés s'interpellant parfois, se jaugeant, le menton relevé, le regard fier, se donnant peut-être rendez-vous pour une heure plus tardive sur une place où manger une glace lorsqu'ils ressortiront, après le repas en famille, luttant contre ce flot qui était plus un défilé qu'une promenade je descendais, quant à moi, au Forum que même les touristes commençaient à déserter, au moment du coucher de soleil.

Sur le mont Palatin, les palais impériaux en ruine s'assombrissaient progressivement : leur brique, de rougeâtre devenait brune et se confondait avec la terre de la colline ; les portes et les brèches des murs, des gueules noires de cavernes. Au bout d'un moment, venu le soir, les somptueuses villas de Livie, de Flavie s'étaient transformées en une montagne d'habitations troglodytes.

Les allées du Forum étaient vides et semblaient, par contraste, étonnamment blanches, poussiéreuses.

Des dizaines de mouettes, qui s'amusaient dans les vents de cette cuvette entre le Palatin et le Capitole, criaient leur joie de reprendre possession des lieux. Depuis deux mille ans, c'était les seuls habitants qui n'avaient pas changé.

Le soir, Geoffroy me demandait ce que j'avais fait, ce que j'avais vu. Je lui disais J'ai regardé les mouettes qui tournent au-dessus du Forum, elles crient comme si Rome était au bord de la mer. Il riait.

Le soir, nous allions nous baigner à notre plage, qui n'avait pas encore de nom, qui n'était évidemment pas la nôtre mais où nous étions à peu près seuls. C'est là, me disait-elle, que ton grand-père t'a appris à nager, un été, tu étais tout petit. Tu ne nageais pas vraiment mais, jour après jour, tu as vaincu ta peur de l'eau, le bruit des vagues et les picotements dans les yeux, tu as fini par barboter, tu flottais, soutenu par ses bras, tu riais lorsque tu buvais la tasse, parce qu'il ne te quittait pas du regard et que tu étais fier de lui faire plaisir.

Nous nagions pendant une heure ou deux. Ma mère pouvait aller très loin, je la voyais à peine. En séchant nous regardions le coucher du soleil. Elle me disait que, si j'étais attentif, je pourrais voir le dernier de ses rayons sur l'eau, c'était un rayon vert. Elle me racontait qu'elle-même l'avait surpris, une seule fois, elle en était sûre. C'était de l'autre côté, lorsqu'elle vivait en Algérie.

Je ne le savais pas, à l'époque, mais cette histoire de rayon vert, c'était mieux qu'un rêve, une nostalgie.

C'était ma mère.

Il est très difficile d'aimer les gens, ou de prétendre qu'on les aime, si on ne partage pas avec eux les quelques événements qui marquent leur vie, or, en vieillissant, fatalement les échecs, les morts et les remords se multiplient, nous barrent la route.

Pour continuer d'avancer, nous les intériorisons, nous les vivons de plus en plus seuls, ça m'était arrivé et aussi à Guillaume.

C'était peut-être cela même, vieillir.

Je ne pouvais m'empêcher, en voyant Geoffroy prier, non à genoux mais simplement assis sur un banc, les pieds bien campés par terre, les coudes reposant sur les cuisses, laissant pendre ballants dans le vide, devant lui, ses avant-bras, ses deux larges mains qui se touchaient parfois, s'effleuraient, semblaient apprécier chacune de l'autre la longueur d'une phalange, l'arrondi d'une articulation, les yeux ouverts mais qui paraissaient n'être attentifs à rien, ni au pavement en mosaïque de marbres colorés, ni au bois blanc patiné, noir par endroits, ni aux mains qui se frôlaient avec une lenteur d'inconscience, je ne pouvais m'empêcher, observant sa tête rentrer dans la carapace de son torse, son dos se voûtant en une arche molle, son visage entier se détendant et sa lèvre inférieure descellée qui s'abaissait parfois, à peine une seconde, dans l'esquisse d'un sourire, le reste du corps alors immobile, suspendu, à un mètre de moi, assis sur le même banc et semblant cependant ne plus y être, comme s'il allait disparaître ou se mettre à voler sous mes yeux sans même que je m'en aperçoive, comme s'il avait déjà quitté mon univers, et moi, le contemplant pour ainsi dire, je ne pouvais m'empêcher de me demander à quoi on pense lorsque l'on prie vraiment, et si c'était souvenir ou désir, pensée ou récitation, ou s'il y avait une forme d'imagination spéciale à ceux qui savent faire ça, et qui serait sans mots, sans être vide.

Je comprenais qu'on puisse se perdre ainsi quand on croyait en Dieu. Disons que cela me paraissait vraisemblable, de lui consacrer sa vie et toutes ses pensées, si on le connaissait, s'il était aussi grand qu'on le dit. Pourtant Geoffroy pensait le contraire. Il me disait Je vis comme ça pour m'en approcher, pour le connaître, et justement parce que ma foi est remplie de doutes, qu'elle n'est qu'une recherche et, si j'y suis fidèle, un pari.

Il disait Si Dieu m'était acquis, je ne le chercherais pas, je n'y aurais peut-être même pas pensé.

Avec ma mère, nous n'allions pas à la messe le dimanche. C'était le jour du marché où l'on achetait de larges tranches de thon rouge, presque noir, une pastèque entière et plusieurs sachets d'olives conservées dans des jarres avec de l'huile, du piment et des quartiers de citron confits. Parfois nous passions aussi chez le pâtissier, qui n'était ouvert que le matin parce qu'il faisait de la planche à voile, tous les après-midi, il participait même à des concours. Les pizzas étaient sa spécialité. Elles étaient simples, à la tomate, avec des olives noires et des anchois.

Celles de Rome ne faisaient que me les rappeler, sans jamais les égaler. Elles étaient bonnes, pourtant.

Elles avaient le goût des souvenirs.

Le soir, je retournai au Campidoglio, avec lui cette fois. J'avais eu Marine au téléphone, qui m'avait assuré qu'elle viendrait me rejoindre dès que possible, ce qui correspondait aux derniers jours de mon voyage. Elle me posa des questions sur mes journées, sur Geoffroy mais pas sur Guillaume, elle savait que je la préviendrais dès que j'aurais appris quoi que ce fût.

Il faisait bon ce soir-là et nous discutâmes, Geoffroy et moi, longtemps de choses sans importance, comme le vol régulier, circulaire, des mouettes du Forum. Derrière nous, au-dessus du monument de Victor-Emmanuel, des nuées d'étourneaux dessinaient les reflets moirés d'un velours dans le taffetas rose du couchant. C'était un véritable nuage, qui se déplaçait rapidement, avec des changements brutaux de cap qui étaient adoptés, à l'instant même, par ces milliers d'oiseaux ensemble comme un seul corps. Cela ressemblait à une danse. Et puis à un moment ils disparurent subitement. Il suffisait de les quitter des yeux quelques secondes pour ne plus être capable de les repérer à nouveau.

Nous nous amusâmes à identifier les étoiles qui apparaissaient les unes après les autres.

Je n'avais pas joué à cela depuis des années, et Geoffroy avait une bien meilleure mémoire que moi de leurs noms. Je lui parlai des soirées de mon enfance, dans l'éventail de branches du châtaignier au fond du jardin, des nuits d'été comme celle-ci passées avec Guillaume à recopier scrupuleusement, sur des pages de cahier quadrillées, l'emplacement des astres que nous reliions ensuite, à la façon des dessins que l'on achète dans les stations-service pour que les petits restent tranquilles en voiture. Je lui racontai le coup de maître de Guillaume, lorsqu'il nous représenta tous deux ainsi que Fanny, et le bonheur que ce fut de s'inscrire, ainsi, dans le ciel de notre enfance.

Geoffroy me dit que, dans un sens, il était quand même dommage de grandir, si on n'était plus capable de ça. Bien sûr, on remplaçait l'imagination par une connaissance qui nous paraissait plus juste, mais c'était un leurre. Geoffroy me parlait rarement de la Bible, mais ce soir-là, je m'en souviens exactement, il me dit Le serpent, dans le Jardin d'Éden, avait promis à l'homme que le fruit de l'arbre de la connaissance le rendrait semblable à un dieu, et Dieu punit l'homme pour cet orgueil, mais non pas parce qu'il craignait la concurrence : parce que l'homme n'était pas prêt ;

parce que ce fruit ne devait pas être une fin mais un moyen d'aimer, de créer; parce que, de savoir le nom de toutes les étoiles, leur distance, leur vitesse relatives, ne devrait pas nous empêcher d'y dessiner les figures d'êtres chers.

Une bonne partie de cette nuit nous l'avons passée en silence, dans le minuscule jardin du Campidoglio surplombant les ruines du Forum impérial, à tenter de représenter, sur la page de garde d'un livre qu'il avait emporté avec lui, un visage de Guillaume tel que nous nous en souvenions, en nous servant des astres selon ma méthode enfantine. Sur notre dessin, il avait l'air qu'on lui avait toujours connu, ce n'était qu'un adolescent.

Je n'avais jamais été aussi heureux, depuis deux ans, en repensant à Guillaume. Pourtant je n'en ai parlé à personne, pas même à Marine lorsque je la rappelai, le lendemain.

À Rome, il y a, en s'éloignant du centre historique, des faubourgs qui pourraient ressembler à ceux de New York, des avenues d'une largeur invraisemblable charriant des fleuves de voitures, un bruit assourdissant auquel on s'habitue, qui couvre celui des avions et des hélicoptères, il y a des immeubles bas, presque carrés, en brique sombre, du linge de maison aux fenêtres et des pauvres gens.

Pendant la dernière soirée que j'avais passée avec Guillaume à New York, quelques mois avant sa disparition, nous avions écumé en une nuit une bonne partie des bars du Village, dans le sud de l'île. C'était l'endroit le plus européen de la ville, avec ses blocs d'immeubles de quatre ou cinq étages flanqués d'escaliers de secours et de fenêtres à guillotine, ses terrasses de cafés, ses places plantées de pruniers et de cerisiers à fleurs blanches, un petit bout de Londres en somme, où l'on pouvait marcher assez longtemps dans des rues auxquelles Broadway donnait l'apparence d'être en diagonale, une sorte de quartier sympathique et fou qui concentrait les boîtes de jazz les plus célèbres du monde, des salons de thé, des échoppes de piercing et de tatouage, des brocantes et des magasins de fringues d'occasion plus chères que des neuves, le tout bordé d'un côté par Alphabet City et de l'autre par le nouveau quartier du Meat Market, entre les terrains de basket grillagés de Washington Square et le petit parc d'Astor

Place, le long de Bleeker Street que nous avions descendu d'ouest en est, à la rencontre de l'aube grise.

Nous n'évoquions jamais les souvenirs de notre enfance puisque notre amitié semblait devoir la prolonger indéfiniment.

À New York cependant, parce que sa vie là-bas était devenue plus compliquée, nous aurions pu, sans doute.

Dans les lettres que j'ai reçues de lui, bien avant sa disparition, Guillaume écrivait qu'il s'était mis à la peinture, par envie et, je le devinais, par désœuvrement. Il peignait sur des cartons où il collait la une du *New York Times* du jour, tous les jours. Il était assis à la table du salon, face à la fenêtre qu'il représentait toujours, comme un cadre à l'intérieur du tableau, puis il recouvrait la une du journal avec ce qu'il avait sous les yeux, c'est-à-dire les briques, les volets et les stores de l'immeuble d'en face. Dans sa lettre il disait Tu sais, comme le Vieux de la gare dans sa maison en friche, qui peignait tous les soirs le même coucher de soleil. Il disait aussi Je pense que mon paysage est encore plus immobile que le sien, et je n'ai même pas besoin de sortir, d'ailleurs cela ne servirait à rien, ici on ne voit pas le coucher du soleil. Cela me fit un drôle d'effet, cette dérision qu'il avait de lui-même. Mais je n'ai pas su quoi lui répondre. Je crois que, dans une de mes lettres, je lui ai parlé de

Franck, qui faisait à cette époque sa première exposition à Washington.

Je peux bien le dire, maintenant, puisque ça fait des années, puisqu'il m'a fallu des années pour le comprendre : lorsque Guillaume a disparu, c'est nous qui l'avons trahi.

Geoffroy me dirait que ce n'est pas tout à fait exact, que même Judas n'a fait que jouer son rôle, lorsqu'il a livré le Christ aux Romains.

N'empêche : il s'est pendu.

Ma mère avait, comme moi, les cheveux très noirs d'une Italienne. Son visage était arrondi. Son nez, petit, se retroussait quand elle souriait, ses pommettes remontaient alors et se gonflaient sous ses yeux, qui ne se fendaient jamais tout à fait, parce qu'ils étaient plus ronds que les miens, plus larges. Lorsqu'elle regardait vers le bas, quand elle lisait par exemple, on en voyait la paupière supérieure, cela créait un jeu d'arcs et de contre-courbes qui m'a toujours semblé beau, harmonieux. Peut-être à cause de cela elle regardait les gens de face et n'était jamais intimidée, pourtant je crois qu'elle était discrète et sensible.

Sa peau était hâlée. Je me rappelle qu'elle était élastique. Les souvenirs de sa peau sont de vieux souvenirs, comme ceux des parfums qui restaient sur quelques foulards de soie que j'allais chercher dans son armoire et que je respirais, quand elle n'était pas là. Des fleurs blanches, surtout du muguet, du lilas, une pointe de rose et, je crois, une base de vanille qu'on ne percevait pas mais qui avait donné au jus sa chaleur capiteuse. C'était, de toute façon, un mélange de deux parfums qu'elle portait régulièrement, auxquels se mêlaient aussi l'odeur des tissus et celle, plus subtile encore, d'une poudre.

Ma mère était belle. Elle cultivait même une certaine coquetterie.

Je n'avais jamais su son âge. Son année de naissance, je l'ai apprise sur l'extrait de décès délivré par l'état civil.

Pendant la deuxième semaine, j'appelai Kim et lui dis que j'étais à Rome, chez Geoffroy. Elle a paru étonnée. Elle m'a posé des questions sur Guillaume auxquelles je ne pouvais pas répondre, me demanda ce que j'avais pensé de sa lettre, elle me semblait nerveuse, ou gênée peut-être, et j'attribuai cela au téléphone. Plusieurs fois elle répéta qu'elle ne comprenait toujours pas son geste, que la lettre de Guillaume n'expliquait rien, qu'elle se demandait même pourquoi il l'avait écrite, et toujours elle disait Son geste pour désigner sa disparition, comme s'il se fût agi d'un suicide.

J'essayais de me la représenter, à l'autre bout du fil, et, comme je ne connaissais pas son nouvel appartement, la seule image que je pouvais me former d'elle, c'était dans le duplex de la Cent onzième Rue, à l'époque où je l'avais rencontrée. Il me semblait la voir, assise sur le canapé de cuir rouge face à la table basse en verre, tournant le dos à la fenêtre du rez-de-chaussée et ses barreaux, des ombres passant dans la rue derrière les voilages avec des bruits de conversations dont on n'entendait, chaque fois, qu'une ou deux phrases plus ou moins bizarres, sorties de leur contexte. Il devait être très tôt, peut-être venait-elle de prendre sa douche, une serviette nouée sous les bras serrant sa poitrine, des mèches de cheveux mouillés autour des oreilles, sur la nuque, d'une couleur plus foncée que le blond, la serviette lui descendant à mi-cuisse et elle, repliant ses jambes sur le canapé, les pieds contre les fesses, coinçant le combiné du téléphone entre son oreille et son épaule le temps de prendre sur la table son paquet de cigarettes, d'en allumer une, faisant signe à Nicola de s'occuper du café, bougeant les lèvres sans parler pour ne pas que je l'entende, lui disant peut-être de cette façon muette C'est Thomas, il est à Rome et, baissant les yeux, fixant je ne sais quoi, le cendrier par exemple, qu'elle aurait posé sur l'accoudoir du canapé, y roulant lentement le bout incandescent de son clope pour que la cendre s'y dépose aussitôt apparue, ne pouvant grandir et menacer de se détacher ailleurs, dans un souci de propreté en quelque sorte ou simplement pour occuper sa main et ses yeux à la fois, regardant donc le cendrier ou bien la table où se projettent les ombres fugitives des passants, ou encore ses jambes, repliées contre elle sur le cuir froid du canapé, passant le bout des doigts, tenant la cigarette, sur son tibia, son mollet, mesurant la sécheresse de la peau épilée depuis tant d'années, qui commençait à vieillir, à s'écailler de minuscules mues blanches et légèrement râpeuses, les caressant, sans y penser d'ailleurs, ou se demandant seulement comment cela pouvait arriver sans qu'on s'en rende compte, par le simple passage, l'action continue du temps qui nous éloigne imperceptiblement de nous-même, j'imaginais sa cigarette se transformer lentement en un filet de fumée blanche et ses yeux tristes fixés n'importe où en fait, contemplant deux ans de sa vie sans lui.

Mais je l'imaginais ainsi dans un appartement qui n'existait plus, qui appartenait à une époque de jeunesse et d'insouciance.

À la fin de notre conversation, je lui ai dit que je m'étais rendu à l'ambassade, au consulat et dans deux librairies françaises, dans plusieurs hôtels, mais que cela n'avait rien donné, j'ai dit que je pensais qu'on ne le retrouverait plus et nous avons tous les deux raccroché.

C'était faux. Je ne me suis jamais rendu au consulat, ni dans les autres lieux où l'on pouvait chercher des Français. Peut-être que je lui ai raconté ça pour l'apaiser, pour l'affranchir de l'espoir.

À la mort de ma mère Guillaume était revenu un week-end, peut-être un mois après l'enterrement, sans même m'avoir prévenu.

Je savais qu'il n'avait pas les moyens de prendre ainsi l'avion n'importe quand, juste pour quelques jours. Il n'avait dit à personne qu'il venait, s'est installé chez moi. Nous avons fait une razzia chez le caviste de mon quartier et nous ne sommes plus sortis du week-end.

Nous avons parlé d'elle, parce qu'il l'avait connue, c'était le seul de mes amis avec qui je pouvais parler d'elle.

D'ailleurs ce fut la seule fois où j'en parlai.

Pour le thym, la lavande, les oliviers tordus, les chênes verts, les chênes-lièges, pour la terre rocailleuse et poudreuse entre l'orange et le brun-rouge, pour le ciel d'un bleu si dense qu'il connaît des nuances visibles, plus sombre à mesure qu'on s'éloigne du soleil, vers l'horizon, pour la chaleur écrasante, les mouvements rendus difficiles jusqu'au simple fait de respirer parfois, pour l'odeur des tomates et de l'ail que nous faisions revenir, tous les soirs, préparant la *pasta*, j'aimais Rome en ayant le sentiment de retrouver le Sud et ma Provence, où j'avais passé, petit, mes vacances avec elle. Mais ce qui était pour moi une sorte de perfection de la Provence que j'avais connue, c'était les immenses pins ici omniprésents, qui coiffaient cette nature de leur crête étirée par les vents d'ouest, feuillage dense aux bords de dentelle monté sur les échasses de quelques branches seulement ramifiées à l'extrême, comme la chevelure effilée d'une calligraphie arabe.

Il paraît que la *Pietà* de Michel-Ange avait été conçue pour être placée en hauteur, de telle sorte que le spectateur se trouvait, levant les yeux, face au visage de Jésus qui pend, affaissé. Aujourd'hui c'est la Vierge qu'on voit d'abord. Sa douleur, murée dans le silence du marbre, impressionne, fascine.

J'essaie d'imaginer la scène inverse. La mère, morte, dans les bras du fils.

J'essaie d'imaginer le Christ qui pleure.

Geoffroy était campé derrière le bar qui séparait la cuisine du reste du studio. Il avait posé dessus ses lunettes rondes et cela donnait à son regard un air doux et triste, parce que ses paupières tombaient, aux bords extérieurs, contrariant l'ovale de ses yeux, le brisant d'une ligne convexe qui se mêlait aux pattes-d'oie que le soleil avait dessinées à la frontière de ses tempes. Il remplissait nos deux verres d'un vin blanc très fruité, légèrement pétillant. Parce que cet italianisme nous amusait, nous disions entre nous qu'il était frisant sur la langue, ce mot nous semblait rendre la sensation que ce vin nous procurait, d'un picotement fin, tout juste perceptible, s'évanouissant en pénétrant sous le palais comme une écume.

Il me demanda depuis combien de temps je ne m'étais pas rappelé cette histoire d'étoiles qui nous servaient à dessiner. Je ne le savais pas bien, pas avec précision Depuis que nous avions arrêté de le faire. Cela datait peut-être de l'entrée au collège, vers dix ou douze ans. Je ne m'en étais jamais souvenu, je n'y avais jamais repensé, je n'en avais parlé à personne.

Il me demanda, pendant toutes ces années, ce que j'avais vu lorsque j'avais regardé le ciel, la nuit. J'étais bien en peine de lui répondre : des foules de choses, sans doute, des étoiles dont j'avais peu à peu oublié le nom, les lumières des avions, la lune dans laquelle je ne voyais plus un escargot renversé ou le visage d'un Pierrot, mais seulement des cratères et des océans de rocaille grise ; des étoiles filantes, parfois, autour du dix août, quand la radio et la télévision annonçaient qu'il allait y en avoir ; la même chose, en somme, mais sans les dessins, sans imagination, le même ciel mais sans notre enfance.

Je ne m'en étais pas aperçu. C'était arrivé sans moi.

Avant que Guillaume ne disparaisse, je crois d'ailleurs que ce n'était pas un problème, parce que au besoin il me suffisait de l'appeler, d'aller le voir, de passer une soirée avec lui, pour que tout ça continue de vivre sans qu'on ait besoin de se le remémorer. La mémoire ne sert que lorsqu'on ne se souvient plus.

Geoffroy remettait ses lunettes comme s'il en avait besoin pour apprécier la cuisson de la sauce. En la remuant encore une fois du bout de la cuiller il répétait Trop tard, bien sûr, puisqu'on ne se rappelle que ce qui est passé, pour toujours et à jamais n'est-ce pas, c'est ce qu'on dit. Il se retourna, la bouche entrouverte, la main suspendue, laissant fumer la sauce, trop chaude pour qu'il la goûte sans se brûler les lèvres. Il marmonnait que c'était bizarre, que c'était la même chose avec les étoiles, ce truc du temps, qu'elles étaient tellement lointaines qu'il fallait des millions d'années pour que leur lumière nous parvienne. Il expliquait Quand on regarde le ciel, ce qu'on a sous les yeux ce ne sont pas les étoiles d'aujourd'hui si l'on peut dire, mais celles du temps des dinosaures, il paraît même que certaines ne brillent plus depuis longtemps. Il approchait la cuiller de ses lèvres et soufflait doucement dessus, il allait bientôt l'avaler. Il ajouta Dans le ciel, plus on regarde loin, plus on voit en arrière, à la limite on pourrait imaginer, un jour, pouvoir scruter l'univers à des milliards d'années-lumière et se retrouver face à sa formation, où nous n'étions encore qu'en devenir, éloignés de nous-mêmes en quelque sorte, sans savoir si le vide traversé par le télescope, c'est de l'espace ou du temps.

Je buvais mon vin blanc en le regardant.

Il goûta la sauce et sourit.

Je pensais à Guillaume.

Je pensais à ma mère.

Geoffroy avait des gestes mesurés, une voix lente. Lorsqu'il marchait il arpentait plutôt, comme si ses pas étaient comptés, pour mesurer non pas la distance à la manière des géomètres, mais l'effort, et l'on pouvait deviner, en l'observant ainsi lutter dans la pesanteur, légèrement voûté, les mains se rejoignant dans son dos, lançant au-devant de lui les longs bâtons de ses jambes dans des foulées immenses et régulières, on pouvait deviner qu'il venait de la montagne ou qu'il y avait vécu. Il transportait autour de lui ses pentes, son air rare et l'habitude de regarder le sol, il ne se redressait qu'à l'arrêt pour y prendre une inspiration plus profonde, souriait en découvrant le paysage conquis, l'étape franchie à chaque fois tel un col, derrière lequel s'ouvrait un nouveau monde. À Rome, il affectionnait les collines, spécialement le Janicule.

Au jardin botanique on pourrait croire, après cinq minutes à peine à déambuler, qu'on a quitté la ville. Au détour d'une allée, sans cesse on croise de nouveaux paysages, comme si l'on avait changé de région. On était dans un sous-bois, et nous voilà entourés d'ajoncs, de bambous et de lotus ; on se retourne et l'on ne reconnaît pas le chemin qui nous a conduits là. Des palmiers plantés par centaines, hauts de plusieurs étages, font autour d'une fontaine une forêt d'île tropicale. On est au bout du monde.

Dans les rocailles aux abords semés d'un tapis d'aiguilles de pin, des cactus, des agaves, lancent vers le ciel leurs bras plats et tordus. Ils ont le dos hérissé d'épines noires, comme des bêtes préhistoriques. Ils sont là depuis des dizaines d'années. Certains se sont même épuisés à faire monter une fleur pour perpétuer la race.

Ils me rappelaient le Sud et le décor aride, le ravin au bord de la piste, notre petit jardin à l'herbe brûlée par l'été. Ma mère lisait à l'ombre mince d'un chêne-liège. Je revenais souvent vers elle pour m'assurer qu'elle n'avait pas bougé. Elle me disait Oui, mon chéri, je resterai là. De temps en temps elle s'endormait, bercée par la chaleur et le ronronnement silencieux des livres. Je m'approchais d'elle alors, sur la pointe des pieds, et je passais un moment à observer son corps alangui, sa bouche, ses yeux clos.

Je pensais qu'elle rêvait, peut-être, que l'automne était arrivé et que nous étions encore là, que les journées continuaient de passer et qu'autour de nous rougissaient les vignes dans la vallée. Le sol se couvrait de feuilles mais nous demeurions, pour toujours, dans notre petit jardin, notre Sud, mon enfance.

Aurais-je seulement été capable de le reconnaître, si Guillaume m'avait, là, tapé sur l'épaule, en pleine rue ?

C'était ce miracle en définitive que j'étais venu chercher ici, ou peut-être seulement maintenir, dans ma vie qui finissait toujours par se poursuivre malgré tout, la possibilité de ce miracle.

Pendant très longtemps, après la mort de ma mère, j'ai pensé que je pourrais peut-être la revoir, juste une fois, elle m'attendrait debout devant la gare de notre village de banlieue ou à la terrasse d'un café de mon quartier, ce ne serait pas vraiment elle, bien sûr, mais une sorte d'apparition qui me dirait qu'elle m'aimait bien, qu'elle m'attendra, qu'elle ne regrette rien. Avec le temps ce rêve s'est fait moins obsédant, mais je crois que cela m'arrive toujours d'y penser.

Quand les choses sont encore possibles, on applique son intelligence à les réaliser. Mais lorsque tout nous dit que tout espoir est mort, comment ne pas, alors, se mettre à espérer ?

Je n'étais jamais venu à Rome avec ma mère. Je savais qu'elle y était allée, qu'elle avait aimé la ville. Ce serait quelque chose à imaginer, le voyage que nous aurions pu faire là. Nos promenades, nos discussions comme avec Geoffroy. Au bord du Pincio retrouver de loin la couleur passée d'un bougainvillier, dans le jardin du couvent de la Trinité-des-Monts, le comparer à celui que nous avions. Admirer les murs patinés par un vent rouge qui a traversé la mer. Observer le ciel où nous irions un jour et choisir une étoile, pour y demeurer ensemble. Apprendre l'italien. Et rire, passer des heures en terrasse à parler des gens qui passent et qui nous ressemblent, vivre comme un vieux couple, à l'hôtel, s'offrir mutuellement le restaurant du soir et rire, marcher jusque très tard, dans les rues, s'asseoir sur les places, les marches d'escaliers, se raconter notre jeunesse et rire.

Le soir avant l'apparition des premières étoiles, le ciel encore bleu pâle s'ornait d'une frange de nuages dentelés comme aux plafonds des chapelles. Dans les rues, au-dessus des foules moins bigarrées qu'autrefois, c'était la même lumière des tableaux du *Cinquecento*. Des gris de perle, nacrés, des roses de pamplemousse, un jaune doré comme de l'huile d'olive, toutes ces couleurs se dégradant en une infinité de nuances, se mélangeant de noir, comme sur le dos d'un scarabée, en se rapprochant de l'horizon où les arbres des collines, les pins, les oliviers, les chênes étaient bleus, d'un bleu de brume lointaine et de nuit, de mer toute proche, confins d'un pays de rêves ou de souvenirs immobiles. Et cette immensité offerte au regard à travers ou par-dessus la ville, autre monde, peut-être simple décor de toile, anéantissait d'un coup l'agitation bruyante des places et des boulevards. L'épaisseur d'un silence de plusieurs siècles emplissait soudainement la vue et donnait envie de penser à Dieu. C'était une grâce fragile, qui ne durait qu'une heure à la tombée du jour.

Nous nous réveillions de plus en plus tard, ouvrant notre unique fenêtre sur un souffle embrasé, suffocant, qui faisait cuire la ville comme une terre rouge dans le four d'un céramiste. L'ombre même n'y offrait qu'un répit à la brûlure. Nous vivions la nuit. Nous nous approchions de plus en plus de l'aube qui faisait pâlir le ciel, cachée encore derrière d'invisibles montagnes, loin à l'est, lorsque nous rentrions nous coucher.

Geoffroy avait acheté un petit livre d'astronomie qu'il traduisait, chapitre après chapitre, au gré des questions que nous nous posions par curiosité, comme des sujets de conversation ordinaires, le prétexte d'une réflexion dialoguée qui nous amusait, échafaudant des hypothèses ingénues et absurdes, tentant d'imaginer les conséquences souvent ahurissantes d'une théorie que le souci de vulgarisation de l'ouvrage avait débarrassée de son caractère scientifique, pour la transformer en abîme philosophique. Nous tentions de nous représenter, chose désormais impossible, un espace hyperbolique, courbé par le temps en de certains endroits où se rejoignaient, par miracle, des points distants de milliards et de milliards de kilomètres. Nous ressassions pendant des heures l'histoire connue de la formation des trous noirs, étoiles implosées, écrasées sur elles-mêmes, atteignant des densités invraisemblables jusqu'à déformer le parcours de l'impalpable lumière elle-même, sorte d'aspirateurs à univers derrière lesquels on pouvait tout imaginer, puisque cela resterait à jamais un mystère. La vision qu'on avait à présent de la genèse était ce qui nous impressionnait le plus, avant le partage de la nuit et du jour par les premiers soleils, cette soupe de quarks aux comportements aléatoires, imprévisibles, désobéissant opiniâtrement à toutes les lois de la matière, forçant les scientifiques à faire entrer le hasard dans leurs équations désormais probabilistes, les poussant, dans les derniers retranchements de la rationalité, à rendre plus précise, plus complexe et plus fine leur vision du monde qui s'avouait en même temps dans l'impossibilité de jamais tout savoir, tout expliquer, tout prévoir, la science, seconde Pythie démasquée, retrouvant avec stupeur le vocabulaire des premières cosmologies : avant le commencement était le chaos.

Parmi les galaxies, les nébuleuses, les soleils jaunes, rouges, morts, les planètes, les satellites et tout le vide qui ne cessait de s'agrandir entre tous et toutes, projetés à des vitesses croissantes de plus en plus loin les uns des autres, il y avait aussi, traversant à l'aveugle ces espaces infinis, ce qu'on appelait les corps célestes, comètes, astéroïdes issus de chocs, de désintégrations, de crises immenses et dont la dangereuse trajectoire, prévisible en théorie, intégrait trop de paramètres pour qu'on pût la calculer avec précision. Parvenus à ce chapitre, nous pensâmes à Guillaume.

Le petit livre d'astronomie mentionnait aussi des corps plus lointains et plus mystérieux, d'autres façons de mourir, pour une étoile.

Il devait y avoir, encore, des zones inaccessibles aux plus puissants télescopes. Il y aurait longtemps des phénomènes inexpliqués, des hypothèses invérifiables. Geoffroy demandait Pourquoi ne pas y voir ce qu'on veut, puisque tout le savoir n'explique rien en définitive, puisqu'on ne fait que remplacer une question par une autre, pourquoi ne pas croire ? Pourquoi ne pas continuer à imaginer, là où la raison s'arrête ?

Quelque part, une Provence céleste baigne dans la lumière blafarde d'une aube éternelle. Ma mère boit son thé, les deux mains sur le bol. On ne voit pas sa bouche. Ses yeux s'ouvrent grands et se relèvent au-dessus du bol, ils sourient en me voyant. Dans le fond on entend une musique au piano, lointaine et métallique, qui sort d'un petit poste à cassettes, laissé sur la terrasse. Les volets s'ouvrent derrière elle et je me vois. Je suis en caleçon, maigre comme un enfant, je me frotte les yeux en regardant ma mère. Elle est encore tout pour moi.

C'est là, dans une région noire de l'espace qu'on ne voit pas à l'œil nu, au-dessus du Forum, je la montre à Geoffroy. On ne pourra pas la dessiner comme on a dessiné Guillaume, il n'y a pas d'étoiles, c'est plus loin mais je l'ai vue, il suffit de se taire et de se laisser remplir par le silence du ciel, pour le voir.

Il sourit, m'entoure les épaules de son large bras et regarde dans la direction que j'ai indiquée. Il ne dit pas ce qu'il voit. Il se tait et sourit longtemps.

Geoffroy avait de la vie une idée assez simple en apparence, qui reposait sur deux principes complémentaires. La liberté, d'abord, qu'il justifiait, à mi-chemin de Pascal et des physiciens modernes, par une hypothèse probabiliste. Il disait À l'échelle d'un individu, on peut sans doute tenter d'écrire une sorte d'équation de son comportement. Cela prendrait en compte tout un tas de déterminismes, jouant de concert ou se contrariant les uns les autres, déterminisme social, économique, historique, culturel, génétique; Q.I., milieu, rencontres, études, habitudes, caractère, modèles et contre-modèles familiaux, lectures, encyclopédie personnelle; il faudrait tenir compte de tout cela, oh, ce serait compliqué. Cela ferait de nous des corps célestes en quelque sorte, mais en théorie on pourrait supposer que c'est possible. Bon, admettons que c'est fait, poursuivait-il, nous avons l'équation Geoffroy, ou Thomas. On ajouterait ensuite là-dedans une variable aléatoire, qui serait la probabilité de réalisation de tel aspect plutôt qu'un autre, à un moment donné, comme vient de nous l'expliquer notre petit bouquin d'astronomie à propos de la physique moderne. Très bien. Cela rajoute une part de hasard, mais toujours pas de liberté, nous restons dans les limites imposées par l'équation. La liberté individuelle n'est qu'une complexité. Le problème, remarquait Geoffroy, c'est de passer de la particule à l'univers, le problème c'est que nous sommes six milliards et que nous ne cessons d'interagir. Dès lors il devient évident que se produit à chaque seconde une combinaison infiniment complexe qui voit se réaliser, quelque part, quelque chose d'absolument, de parfaitement imprévisible, un phénomène qui échappe à toute probabilité particulière : l'équation Guillaume. Ainsi, concluait Geoffroy, le problème de la liberté ne se pose pas par rapport à l'individu mais à l'humanité.

Le deuxième principe sur lequel il avait construit son petit édifice philosophique, c'était l'amour, parce que, disait-il, c'était justement la base de nos interactions et que, d'autre part, s'il existait un amour pur c'était le seul acte libre, celui qui échappait par nature à tous les déterminismes : une dépense, un acte en pure perte. On n'a aucune prise sur les hommes désintéressés.

Je pensais à Guillaume. Je me demandais si, de disparaître comme il l'avait fait, c'était le comble de la liberté ou de l'enfermement. Dans le système de Geoffroy, renoncer à l'amour était une absurdité, une sorte d'impasse logique, la négation de l'être et de la liberté, précisément par orgueil de croire que, seul, on existera plus. Dans son système, Dieu lui-même, pour être pleinement, avait besoin de nous aimer, nous étions sa névrose, disait-il par provocation, le grain de sable qui fait vaciller l'équation, mais sans lequel elle serait incomplète, imparfaite. Nous le lui rendions bien, d'ailleurs, et l'argument, astucieusement, pouvait se retourner, faisant de Dieu notre névrose à nous, pauvres choses mortelles. Dans tous les cas, nous ne pouvions nous passer l'un de l'autre. L'être n'est qu'une tension à être.

Je ne comprenais pas tout ce que racontait Geoffroy, car il avait beaucoup réfléchi à ces questions dont il ne me livrait que les conclusions elliptiques, mais lui-même prétendait que cela n'avait aucune importance. Il répétait souvent Les mots nous font voyager, aux portes de l'essentiel, mais pour aller plus loin c'est autre chose.

Le temps passant avec Geoffroy, la ville devenait étrange, intemporelle. Les dernières nuits, avant l'arrivée de Marine, nous attendîmes l'aurore dans les quelques mètres carrés du jardin du Campidoglio, face à elle donc qui blanchissait d'abord le ciel de l'autre côté du Forum, semblant user la nuit comme une toile qu'on lessive, devenue grise. Puis l'horizon se colorait de bleu, d'une pâleur extrême, et les premiers rayons d'un soleil encore invisible frappaient les pins de la colline palatine. Cela leur dessinait une chevelure blonde.

On aurait eu envie de prolonger le séjour indéfiniment.

C'était une heure à laquelle on pouvait se sentir sur le seuil d'un monde à venir, comme si rien n'avait eu lieu jusque-là, comme si c'était, chaque fois, l'aube d'un premier jour.

On aurait pu se mettre à prier, pour que ce soleil qui se levait ne se couche plus jamais.

Les étoiles s'éteignaient, sans même qu'on s'en aperçût, en quelques secondes comme disparaissent les vols d'étourneaux. Au sol, dans la petite plaine du Forum, la ligne de partage de la nuit et du jour avançait inexorablement vers nous, étirant les ombres des colonnes et des temples. L'arc de Titus, au fond sur la Velia, offrait son seul portique au soleil, le concentrait comme une lentille pour venir frapper la Via Sacra dont les larges pavés, à ce seul moment de la journée, devenaient brillants sous la poussière rose et grise des siècles. Les monuments qui la bordent, temple des vestales, temples de Romulus, de César, se déformaient sous la poussée du jour en de grosses boules d'ombre qui finissaient par se déchirer, le moindre relief saillait alors dans la lumière à son tour et rejetait plus loin l'obscurité portée au sol, confinait, écrasait la nuit au fond de la cuvette et dans les gueules de cavernes des villas aux noms d'impératrices.

À quelques mètres de nous, l'arc de Septime Sévère, massif et grossier dans le contre-jour qui rendait ses bas-reliefs illisibles, semblait lutter pour ne pas rentrer dans le sol, retourner à la noirceur du roc à ses pieds. Toute la nuit, il avait été une table monumentale, dressée pour le banquet d'invisibles géants venus des étoiles, maintenant dispersés.

Le soleil apparut, aveuglant, déjà blanc.

Des nuées de chaleur s'amoncelaient au sud, plissées comme un rideau qu'on allait bientôt tirer sur le ciel.

Tout redeviendrait cru et plat, et suffocant.

Marine est arrivée par le même train que moi quinze jours plus tôt et nous sommes allés l'attendre à la gare. Elle apportait, dans un sourire de retrouvailles, de mauvaises nouvelles de Kim qui n'allait pas bien, qui ne voulait plus entendre parler de toute cette histoire, Kim de nouveau perdue, célibataire, dans le petit appartement qu'elle partageait avec Nicola, à l'autre bout du fil, toujours amoureuse ou encore épuisée, plutôt, de cet amour qui continuait de la vider. Kim regrettait même de m'avoir envoyé la lettre, aurait voulu ne jamais l'avoir lue, reçue, ne jamais avoir vécu tout ça, même l'amour, ne jamais l'avoir connu, lui. Kim, pour qui la douleur avait été d'abord une humiliation et dont l'humiliation s'était changée en haine, les pleurs de désarroi en cris, la bouche grande ouverte comme sur le point de vomir son cœur, de le cracher dans le téléphone avec tous les mots qu'elle ne trouvait plus en français parce qu'elle ne le parlait plus depuis deux ans, cherchant de l'air autant que des mots, poisson échoué, abandonné sur la berge, étouffant dans sa rage, au bord d'une ville de millions de solitudes qui ressemblait à un paquebot. Kim dans un sanglot, s'entortillant les doigts avec le fil du téléphone jusqu'à ce qu'ils soient tout blanc et rouge, parvenant à s'asseoir, disant Ce salaud, ne prononçant jamais son nom, S'il était là devant moi je cracherais à son visage de salaud et je me tournerais, pour ne plus jamais le revoir. Elle avait livré cela à Marine dans un murmure, se tassant sur elle-même, recroquevillée, touchant la corne qu'elle avait sur le côté du pied comme si c'était la première fois qu'elle la remarquait. Oh, Kim, encore jeune pourtant mais qui n'était déjà plus belle, fragile ni courageuse pour personne, Kim seulement seule, qui ne dirait peut-être jamais plus Je t'aime.

Marine nous racontait cela avec une sorte de colère dans la voix, contre les hommes qui ne savent pas ce qu'ils font, ni lorsqu'ils s'engagent, ni quand ils partent, comme si leurs choix ne concernaient qu'eux, dit-elle sans nous regarder.

Je revoyais Kimberly, la première fois qu'il me l'avait présentée à Paris, ses yeux pleins de rires, son odeur de cheveux longs, je revoyais l'appartement de la Cent onzième Rue, les bougies dans la salle de bains, la lumière jaune des bars où ils nous emmenaient quand on venait leur rendre visite et cette dernière soirée, où je revoyais le cadavre du Russe allongé sur une table avec le visage de Guillaume et les larmes de Kim sur les joues de Marine.

Je pensais au vieux fou de notre enfance, près de la gare, dans sa maison qui foutait le camp, et cela me donna envie de pleurer.

Nous avons déjeuné d'une pizza napolitaine, à l'ombre des parasols clinquants d'un bar donnant sur le cirque Maximus. Dénué de piste, de gradins, de barrières, de stands, de chars, de casques rutilants, de panaches, de draps aux couleurs d'une équipe ou d'une autre, transformé ainsi en une double allée de terre sèche, d'herbe jaune, il n'y avait que la topographie pour attester que le lieu avait été un hippodrome. Les contreforts inclinés de la vaste cuvette en ellipse, plantés de pins en leur sommet, avant la route bruyante, indiquaient seuls la forme vague d'une ruine sans pierres. C'était comme une sorte de tombe préhistorique, un tumulus en creux. On aurait pu y semer des croix. Par cette chaleur, il était impossible en tout cas d'imaginer ici, soulevant un vent de poussière, des chevaux aux flancs blanchis. Le jour sans ombre était un four à consumer les rêves et l'on ne voyait traîner, dans la plaine, que quelques chiens secs, museau à terre, reniflant la piste des touristes et des papiers gras de la veille.

Ils scintillaient dans une brume aveuglante.

Ils réglaient comme ils pouvaient le problème de leur survie.

Ils se mordaient parfois à l'épaule en glapissant.

Ils avaient le museau recouvert de terre collée par la bave, la queue raide, balayant le sol, le poil dressé, hirsute, par paquets secs et sales, les pattes et le dos meurtris par les bagarres des autres jours, qui n'en finiraient jamais. Ils n'y gagnaient rien. De temps à autre, un qui se laissait tomber sur le côté soufflait en léchant ses plaies. Curieusement les autres le laissaient tranquille pendant quelques minutes, comme s'il y avait une chance pour qu'il meure et qu'ils lui devaient bien ça.

Nous les observions en silence et buvions rapidement, en attendant la pizza, une bière qui tiédissait trop vite. Je ne saurais dire à quoi nous pensions, si c'était aux chiens, à Kim ou si c'était à cette envie de fondre que je ressentais, une envie de me dilapider, de m'écouler hors de moi-même dans les dizaines de gouttes de sueur qui roulaient dans mon dos, sur mon front, ma poitrine. J'aurais voulu être plus léger. J'aurais voulu parler à Marine, mais, dans le fond, c'était un peu bizarre de se retrouver ici pour le week-end avec, pour seule conversation, le ressassement de ce désastre, pour seul spectacle le dernier acte malheureux d'une histoire d'amour si banale, autrefois, qu'elle dut bien ressembler à la nôtre. Elle me reprocha mon humeur silencieuse et j'accusai la température. En moi-même je pensai que si je lui parlais maintenant ce serait pour la rassurer, ce serait avec une intention, pour produire un effet, comme on écrit une lettre ou un roman, pour se donner l'occasion de mentir, et je ne le voulais pas, je pensai à tout cela et je dis juste qu'il faisait trop chaud, que j'étais fatigué, accablé.

Nous mangeâmes donc en silence.

Devant nous les chiens formaient des bandes qui disparaissaient parfois dans un trou de lumière.

Marine ne me regardait plus.

Elle bavardait doucement avec Geoffroy, à l'heure du café, pendant que je tirais quelques ronds de ma cigarette, dans un air qu'aucun souffle ne déplaçait. J'entendais, lointaine, assourdie par l'atmosphère brûlante, sa voix à lui qui disait Nous en avons beaucoup parlé, avec Thomas, c'est incompréhensible mais, du coup, on ne peut pas le juger non plus, et le seul choix que nous avons, nous, c'est de savoir, ou c'est plutôt de décider, si nous continuons à l'aimer, comme il est, même loin, même invisible désormais. Lorsque je lui jetai un coup d'œil, je vis que Geoffroy me souriait. Bien sûr nous n'en avions jamais parlé. Il ajouta On en discutait la nuit, devant le ciel de Rome, on a trouvé un coin pour observer les étoiles; si tu veux ce soir, on ira là-bas, tous les trois.

J'ai souri à mon tour comme si tout était vrai, et dans un sens ça l'était.

J'ai pensé à ma mère que j'aimais toujours mais qui était morte, et pour la première fois depuis longtemps cette pensée fut réconfortante.

Je me suis dit Oh, mon Dieu, et puis je n'ai pas su quoi penser ensuite.

J'ai continué à sourire. J'ai embrassé Marine. Je me suis allumé une autre cigarette.

Troisième partie

De vivre ainsi, avec l'absence de ma mère tout autour de moi, lorsque nous nous sommes installés à la campagne, cela n'a pas été facile au début, ni pour moi ni pour Marine, parce qu'il est évident qu'on ne peut pas repartir de rien, et cette grande maison, ses granges pleines de meubles provenant des déménagements et des morts successives de trois générations, avant moi, c'était à la fois une chance et un poids pour refonder une famille. J'avais si longtemps erré comme un Perceval, j'avais tant de mal, dans ce fatras de vieilles choses, à me représenter la vie de ceux que je n'avais pas connus, ou si petit que je ne me souvenais d'eux qu'en photo, j'avais tant d'efforts à fournir pour me remémorer de vrais souvenirs, vécus, les démêler des lettres, des papiers découverts dans la poussière des armoires, ce me semblait une quête déjà si longue de retrouver ma propre place, que ce dut être une gageure, pour Marine, de se forger la sienne, et cependant elle y parvint, peut-être même mieux que moi car elle savait qu'elle le voulait. Mais quant à devenir à notre tour une famille et espérer transmettre à notre fils ce lignage dont j'ignorais encore tant de choses et qu'il ne connaîtrait jamais, c'était réclamer un nouveau miracle en somme, après celui de sa naissance. C'est pourtant ce qui nous avait poussés à partir vivre là.

La nuit de notre installation, je m'en souviens, j'ai repensé à Guillaume, pour la première fois depuis des années, depuis Rome en fait, je crois.

Il ne faisait pas très chaud même à l'intérieur et la maison sentait le mazout à cause de la cuve à la cave, près de la chaudière que nous avions remise en marche. Nous nous étions installés à l'étage parce que le rez-de-chaussée était en plein chambardement, qui dura presque trois mois. Les travaux devaient être finis au printemps, pour accueillir les amis qui viendraient alors pendre la crémaillère. Je n'arrivais pas à dormir. J'étais comme excité et inquiet en même temps, travaillé par la pensée que ma vie prenait un tour nouveau et peut-être inattendu, que j'avais désormais des responsabilités et que je commençais même à me faire une histoire, mais encore gêné, coincé entre un passé que j'avais laissé s'échapper et un avenir qui ne m'appartenait pas encore, acculé donc au présent et à faire des choix, mais sans savoir lesquels. Si je peux me permettre une remarque, il me semble que ma vie, à ce moment-là, ressemblait assez aux premières pages d'un roman, lorsque l'écrivain n'a encore qu'une idée assez confuse de ce qui s'est passé avant, qui est à la fois déterminant et sans importance, et qu'il ne sait pas encore exactement, non plus, où s'arrêtera l'histoire, à ce moment précis où, commençant à peine à l'écrire, il est enthousiaste, parce que chaque nouvelle phrase le porte et lui ouvre un monde d'images, de significations, de possibilités, et il est en même temps circonspect, timide, comme s'attendant à quelque déception, parce que chaque nouvelle phrase qu'il trace ferme aussitôt, en choisissant de montrer ce monde plutôt qu'un autre, des univers entiers qui resteront à jamais dans l'ombre du silence.

Je repensai donc à Guillaume qui, dans une situation sans doute comparable, avait pris la voie la plus radicale, de sortir de l'histoire et de disparaître. Pour moi, c'était une décision absurde mais je pouvais au moins l'envisager. C'était un choix de déraciné, tout simplement, et cela je le comprenais même très bien. Un type qui a toujours peur de revenir à la première case, de ne pas avoir vraiment grandi ou de ne pas l'avoir vu. Un type pour qui l'amour même s'est changé en machine à surmonter, à deux, ce qu'on aurait tellement préféré être seul à subir, qui a oublié la foi, qu'il avait lorsqu'il dessinait d'une main sûre sa vie dans une carte du ciel, où tout était possible et ne dépendait encore que de lui. Et soudain je pouvais si bien comprendre tout cela.

Je suis sorti prendre l'air. Pour arriver à dormir il

suffit souvent de faire chuter un peu la température du corps, faire un tour, s'allonger sur du carrelage, rechercher l'engourdissement. Je me suis retrouvé dans la rue avec un simple pull-over; nous étions en février. Dans le village, où tout était tranquille, l'éclairage public s'était éteint, à minuit, mais les façades, en pierres blanches ou en crépi, baignaient dans la lumière grise de la lune. La Voie lactée étirait sa nappe, son brouillard d'étoiles, exactement du nord au sud, tournant par l'est autour de la Polaire. Quelques heures plus tard, à peine, avant le point du jour, elle aura fait un quart de tour et disparaîtra en pointant vers l'aurore. Je me suis dit ça en marchant et, peu à peu, d'observer ainsi le ciel et de retrouver les mouvements et les noms des étoiles m'a fait comprendre que j'avais été heureux, et que je l'étais encore.

Dans les rues, les maisons et les commerces étaient ceux que j'avais connus, enfant. Certains avaient fermé depuis, mais les noms, peints ou forgés, demeuraient sur les façades parce que personne ne reprenait la boutique qui n'était plus rentable: depuis la démocratisation de la voiture et l'invention des supermarchés, les gens faisaient leurs courses en ville où ils avaient d'ailleurs commencé par travailler, c'était en somme un cercle vicieux. Dans l'ancien bourg devenu village et qui serait un jour un hameau, il n'y avait plus que des Parisiens comme nous, des Anglais qui avaient racheté des fermes en bordure des forêts, et des vieux, des artisans à la retraite qui gagnaient une misère garantie par l'État, mais les façades et les maisons n'avaient que peu changé, c'est à peine si l'on remarquait que les toits de tuiles s'affaissaient par endroits comme sous l'effet d'une dépression de la charpente. Dans la rue principale, le grand bazar était devenu une pharmacie gigantesque, la plus grande du département, et c'était là, finalement, le changement le plus notable et le plus significatif de l'état des lieux. J'avais l'impression de marcher au hasard mais il n'y avait qu'une grande rue que toutes les ruelles finissaient par rejoindre tôt ou tard. En croisant le bar de l'église, je me suis souvenu que j'avais passé là, enfant, des après-midi dans le sous-sol où étaient installés un flipper et un jeu vidéo. La patronne, qui avait mauvaise réputation chez les adultes, se faisait appeler par nous Tante Lili et, je ne sais pourquoi, j'ai toujours gardé d'elle un souvenir agréable, tout en n'arrivant pas à me rappeler le moindre trait de sa physionomie. Je me dis que si j'entrais, le lendemain, dans ce bar, sans doute il n'aurait pas changé, il serait tenu par la fille de la Tante Lili et je pourrais enfin retrouver à quoi elle ressemblait. Un peu plus loin il y avait l'école communale, où je n'ai jamais mis les pieds puisque je ne venais ici qu'en vacances. Elle était déjà mixte à l'époque, bien sûr, mais je n'en savais rien et elle me faisait rêver, parce que en lettres rouges et solennelles, au-dessus de la porte d'entrée et des deux fenêtres adjacentes, il était inscrit École Communale de Filles. J'avançais machinalement. Je commençais à avoir un peu froid et j'enfonçai mes poings dans mes poches. La constellation du Cygne, au nord, n'avait pas encore tout à fait émergé de l'horizon, à l'extrémité de la seule route qui s'enfonçait dans la campagne.

J'étais arrivé à un des deux bouts du village, persuadé d'avoir marché au hasard. Derrière moi, je pouvais distinguer les toits qui avaient l'air de s'imbriquer les uns dans les autres, la flèche de l'église en ardoises et, plus loin, l'ombre noire de la tour de guet médiévale, en ruine, entre la Grande Ourse et le Lion qu'on ne voyait pas, derrière des collines plus lointaines. Je regardai de nouveau la route du nord disparaissant dans les forêts de châtaigniers. Il y avait moins de maisons de ce côté, peut-être seulement une ou deux fermes que je ne voyais pas. Un mur, quelques centaines de mètres plus loin, opposait sa blancheur à la nuit.

Je fus stupéfait d'avoir mis autant de temps à le reconnaître, de m'apercevoir que rien n'était au hasard et que j'avais emprunté, au lieu d'aller vers la tour, machinalement le chemin du cimetière. Je décidai de m'y rendre.

Il était moderne, grand, fonctionnel. Il avait été construit lorsque le précédent fut plein, celui du village d'à côté, après la Grande Guerre. L'autre s'était peu à peu transformé en cimetière de carte postale, les ferronneries rouillaient et quelques noms s'étaient même effacés sur les pierres tombales fissurées, mangées par la mousse. Plus personne n'y allait que pour le visiter, l'été, parce qu'il ressemblait plus à l'idée qu'on se fait d'un cimetière. Il y avait là-bas, je crois, les grands-parents de ma grand-mère et une cousine à elle, dans un petit rectangle gravillonné entouré d'une simple chaîne suspendue à quatre piquets en fer forgé, comme un lit enseveli dont le baldaquin, réduit à son ossature, aurait bizarrement dépassé du sol. Le nouveau, en revanche, avait prospéré depuis sa création et ne cessait de s'étendre. Les tombes s'y ressemblaient, lourdes dalles de marbre ou de granit, béton pour les pauvres. Un jour, il y aura plus de gens ici qu'au village. Il y avait déjà, en tout cas, ma famille jusqu'à ma mère. Avant de rencontrer Marine et que nous ayons un enfant, je me disais souvent qu'il ne manquait plus que moi.

La seule curiosité de ce cimetière sans âme, c'était sa grille d'entrée, encastrée dans un haut mur où l'on avait scellé, au-dessus d'elle, une sculpture, retrouvée dans une chapelle romane en ruine : c'était un gisant, mais comme le maçon ne le savait pas, lorsqu'on lui a donné la pièce il a cru qu'il s'agissait de l'effigie de quelque saint, dont on voulait faire le patron du lieu, et il l'avait donc inséré dans son mur, en surplomb de la grille, verticalement. C'était le seul gisant debout de France.

La grille était fermée et il me fallut passer par-derrière. Comme l'endroit était voué à s'agrandir, jusqu'à complète extinction du village, on avait pris soin de ne pas l'enclore totalement : l'arrière n'était défendu des regards que par une haie de cyprès déjà démesurément hauts dont la masse se découpait sur le ciel, même de nuit. Pour pousser ainsi, ils avaient dû sacrifier leurs branches les plus basses et il était aisé de se frayer un passage. Je ne savais pas trop ce que je faisais là à cette heure, le jour de notre arrivée, de notre nouvelle vie.

Sans doute les regrets sont-ils les souvenirs qui durent le plus longtemps. La mémoire est une dette insolvable qu'on contracte avec la mort.

En entrant dans le cimetière, je fus frappé par ses dimensions. Entre les cyprès et les tombes il y avait une étendue de friches soigneusement désherbée et aplanie, divisée en parcelles comme on aurait préparé un immense potager pour les semis : les futures concessions. Au-delà de cette zone, les arêtes d'innombrables dalles scintillaient et semblaient se déplacer avec le regard. Il suffisait de pencher la tête, d'avancer d'un pas, pour que des lignes s'effacent au profit de nouvelles, comme une armée sans visages dont on n'aurait distingué que les épées tirées sous le clair de lune. En s'approchant, des facettes se révélaient et non plus seulement les crêtes des tombes luisantes, la perspective et la notion de profondeur demeurant cependant fort vagues à cause de l'obscurité, donnant l'impression que ces surfaces, ces plans sans épaisseur étaient pour ainsi dire suspendus, saillant depuis l'intérieur de masses insondables, au point de rencontre de deux mondes. Les croix surtout, vues de loin, surplombant ce spectacle étrange, apparurent soudain alors que j'avançais, comme serait sortie de terre, en quelques secondes, une forêt de crucifiés.

Parvenu à la hauteur des premiers tombeaux, je ne pus m'empêcher d'en toucher la pierre pour éprouver sa réalité. Je m'arrêtai quelques instants. J'avais de plus en plus froid et je m'en voulais d'être venu jusque-là. La lumière oblique de la lune déformait le visage des christs sculptés, rapprochait artificiellement les caveaux, plus hauts, qui émergeaient, çà et là, dans les allées, elle jouait à déplacer les ombres, créait l'illusion de mouvements furtifs entre les tombes.

Je voulus rentrer à la maison mais je m'enfonçais dans l'allée centrale. Sans y réfléchir je courbai le dos et me mis à marcher sur la pointe de mes pieds qui m'emportaient, presque malgré moi. Je ne reconnaissais rien. J'essayais, mais c'était idiot, pour me souvenir de l'emplacement, j'essayais de me représenter le trajet du cercueil, le jour de l'enterrement de ma mère, ne serait-ce que retrouver l'allée, savoir si je pouvais revoir mentalement, derrière la fosse, s'il y avait un mur ou d'autres tombes, si nous avions marché longtemps, où nous avions tourné, mais je ne me rappelais rien, pas le moindre détail, même pas, par exemple, ce que ce *nous* signifiait, car il y avait des gens bien sûr mais pas de visage, dans ma mémoire, je n'avais regardé personne dans les yeux, de toute la journée, alors ni les hommes ni le paysage, aucune image.

C'était la douleur, sans doute.

Ma douleur, je ne m'en souviens qu'à cause de toutes les choses dont je ne peux pas me souvenir à cause d'elle.

En remontant la deuxième allée en direction des cyprès je me jurai de rentrer. Je me dis que la nuit avait été suffisamment excentrique et imbécile. Il n'y avait rien à chercher ici, que des pierres. J'étais décidé, j'étais fatigué, j'avais froid. Soudain pourtant je m'accroupis près d'un caveau, j'arrêtai de respirer pendant quelques secondes pour écouter, je risquai un œil au-delà, sur ma droite, dans la dernière allée. C'était peut-être la lune qui s'amusait encore à jeter des reflets changeants sur une tombe, mais je la reconnus immédiatement, la croix d'abord, haute et simple, sans christ, puis la dalle rugueuse, de ciment semé de cailloux, divisée en rectangles de différentes tailles comme un champ vu d'avion ou un tableau de Mondrian, sans autre fleur qu'un vilain chrysanthème en plastique, piqué dans la gouttière prévue pour l'écoulement des eaux. Quelque chose avait bougé cependant alors que j'approchais, une ombre plus dense que les ombres, une épaisseur dans l'obscurité. Je longeai le caveau où je m'étais arrêté, courbé, une main au sol et l'autre sur le marbre pour assurer mon équilibre, posant chaque pied sur la terre avec une lenteur méticuleuse, dans un silence absolu. Parvenu à l'angle de la troisième allée, je jetai de nouveau un coup d'œil. Je pensai que c'était parfaitement impossible, pourtant je ne m'étais pas trompé.

Il me tournait le dos. Il était assis, les jambes en tailleur, au pied de la dalle. Sa tête était penchée en avant et je ne voyais donc que ses épaules plutôt larges, des épaules d'homme, voûtées, peut-être pour résister au froid. Il me paraissait jeune, adolescent, je remarquai cela à sa façon de s'habiller, un blouson de cuir sur une simple chemise qu'on voyait dépasser, une paire de jeans noirs, des tennis, un air dépenaillé. Il avait les cheveux très bruns, comme moi, mais beaucoup plus longs : ils lui tombaient dans le cou et sur les épaules. Je les avais portés comme ça quand je devais avoir à peu près son âge. Je le pris d'abord pour un vagabond.

Il y avait entre nous encore une rangée de tombeaux de hauteurs différentes et, à condition de ne pas faire de bruit, je pouvais profiter de l'abri d'un petit mausolée en forme de guérite militaire pour m'approcher encore un peu. À quelques mètres de lui, je pouvais l'entendre : il sanglotait. Râler serait plus approprié, car il émettait une sorte de plainte sourde et continue formée dans la gorge, qui n'éclatait en un sanglot bref, étouffé, lui secouant les épaules, qu'en de rares occasions, intermittentes, inégalement espacées, sa tête balançant doucement de droite et de gauche, comme répétant un non muet pendant que ses mains, agrippées à la dalle, en grattaient le ciment avec des petits bruits d'ongles qui crissent et se cassent.

Je ne saurais dire combien de temps je suis resté ainsi dissimulé à l'observer. Il a fini par se lever en s'appuyant sur le rebord de la maçonnerie, est demeuré penché, quelques instants, tendant et pliant plusieurs fois, l'une après l'autre, ses jambes enfourmillées par le froid et la position, il s'est redressé face à la croix et a reniflé longuement dans sa main avant de la plonger dans une poche de son blouson, en ressortir une cigarette qu'il tapota trois ou quatre fois sur sa manche avant de la mettre à sa bouche. Il se tourna légèrement pour l'allumer et je pus voir son visage au moment où la flamme du briquet l'illumina. J'essayai de crier mais le silence effrayant du cimetière m'en empêcha. Je voulus me lever et courir vers lui, le rattraper mais ses pas l'emportaient déjà, plus vif que je ne l'avais jugé, entre les fosses et les pierres et toutes les ombres fuyantes que faisait danser la lumière facétieuse des étoiles.

J'ai couru jusqu'à la maison.

J'ai dormi dans un fauteuil du salon pour ne pas réveiller Marine, à qui je n'ai rien dit, le lendemain, seulement que j'avais eu une insomnie. Je n'ai pas été lui raconter que je m'étais rendu, la nuit, au cimetière, qu'un garçon y pleurait sur le caveau de famille et que ce garçon c'était moi, à l'âge où j'avais perdu ma mère, c'était mon adolescence, morte avec elle.

Tu n'as pas changé, me lança Julien en claquant bruyamment la porte de sa voiture. Mais toi non plus, Juju, toi non plus, depuis quelques années tu prends du bide avec une régularité d'horloge. Je l'embrassai et l'aidai à extraire de son coffre son sac de voyage et les caisses de vin qu'il apportait toujours avec lui. Il venait du Bordelais où il avait laissé femme et enfants; Elles nous rejoindront pour le week-end, me dit-il, puis il me gratifia d'une claque brutale dans le dos qui faillit me faire lâcher les deux caisses dont je m'étais chargé, il se redressa et regarda un peu autour de nous, les yeux plissés comme un myope, détaillant la maison, les volets repeints, la grange où l'on avait taillé la vigne avant l'été. On s'était bien débrouillés. Le jardin commençait à être en fleurs et, même si cela allait prendre des années à s'étoffer, au moins il n'était plus en friche, les murets entre les deux terrasses avaient été consolidés, le lierre et les ronces arrachés; les fruitiers étaient vieux et argentés de mousse mais nous allions les remplacer peu à peu, trois par an, de façon à renouveler le petit verger sans le faire repartir de zéro. On avait replanté des framboisiers, des cassissiers et des groseilliers. À l'ombre d'un des corps de bâtiments qui faisaient face à la maison, à quelques mètres de la table de jardin sur laquelle j'avais installé une rallonge, le boudin bleu qui servait de piscine à Camille était le seul élément moderne du décor. D'ailleurs, c'est un cadeau pour lui, en fait, me dit Julien en désignant une des deux caisses qu'il m'avait confiées, ce vin-là devrait pouvoir attendre qu'il soit en âge de l'apprécier ; l'autre, nous le boirons ce week-end.

Alain et Franck allaient arriver par l'autocar de sept heures et demie. Julien déposa son sac au pied de l'escalier et nous nous retrouvâmes dans la cuisine. Marine venait de mettre au four la tarte et je devais commencer à préparer la viande. Julien sortit du réfrigérateur la bouteille de muscat de Rivesaltes que j'y avais placée quelques heures plus tôt. Il inspecta l'étiquette d'un air satisfait ; l'apéro pouvait commencer. De temps à autre je dessinais au feutre, sur un bloc de feuilles blanches, un dinosaure dont Camille s'emparait avec avidité, pour le colorier. Marine questionnait Julien à propos de tout et de rien : comment allaient les filles, Charlotte, les affaires, les vacances, les parents et les frères. Il avait fini par se mettre à son compte, peu avant, et ça marchait plutôt bien, cela dépendait des périodes. Il y avait, disait-il, un effet *installation* qui rapportait pas mal de nouveaux clients dans les six premiers mois. Et puis il y a le black, quand tu défends un escroc qui est censé être insolvable, il te paie en liquide, forcément, ça crée un mode de vie un peu bizarre : tu as tes charges, le loyer, tout ça, et il te faut donc quelques clients réguliers, des sociétés, des grosses boîtes qui font des chèques tous les mois, à des dizaines d'avocats parce qu'elles ont constamment des contentieux, c'est comme une rente qui couvre le minimum, et pour tout le reste, les bons restos, les week-ends en amoureux, le pinard et les soirs de fête, tu prends dans la réserve, l'enveloppe, dans le tiroir du bureau, tu as l'impression d'être riche, tu peux faire des cadeaux, mais en fait tu n'épargnes rien, à la fin du mois tu es toujours à zéro, toujours locataire d'un appartement qui rétrécit au fur et à mesure que les enfants grandissent. C'est comme de vivre au-dessus de ses moyens, sauf que tu n'as pas de dettes.

J'épluchais en pleurant un kilo de petits oignons ronds et dorés. Je lâchai mon couteau, levai mon verre et le cognai contre le sien, donnant en même temps que lui, à son discours, sa conclusion préférée : de toute façon, ça ne sert à rien, de mourir le plus riche du cimetière.

Cela faisait peut-être un an que nous ne nous étions revus, cependant comme à chaque fois cette complicité revenait au bout d'un rien de temps, le fruit d'une longue amitié devenue peut-être un peu abstraite, qui ne se nourrissait plus du quotidien mais de souvenirs et de la connaissance que nous avions du cœur de l'autre. Enfin le genre de choses qui aurait dû retenir Guillaume, mais de cela nous n'allions parler que plus tard, à la faveur de la nuit.

J'avais encore quelque temps, avant l'arrivée des autres, pour préparer le cuissot de chevreuil qui cuirait à feu très doux, pendant des heures, après la tarte. Il fallait le désosser en séparant avec précaution chaque muscle, ce qui n'était pas évident quand la viande était crue. On devait prendre le temps de l'étudier, repérer les ligaments à sectionner, puis, inclinant le couteau contre la membrane tendineuse blanche qui entourait le filet, la suivre comme si on la rasait, surtout ne pas la couper sinon, pour la séparer de nouveau de la chair, il faudrait charcuter, gratter comme sur un rouleau de scotch quand on en a perdu le bout. Le cuissot ainsi disséqué d'un côté, il n'y avait plus qu'à saisir l'os et achever de le séparer, par une multitude d'incisions légères, à chaque fois que cela offrait une résistance. C'était très important de faire la découpe proprement, parce que après il faudrait le remettre à sa place et ficeler le tout comme s'il ne s'était rien passé. Entre-temps, on aurait tartiné l'intérieur du gigot avec un beurre d'ail persillé. Il fallait aussi brosser les pommes de terre, des rates qui cuiraient avec leur peau, lentement, dans le jus. Le jus, c'était le secret de la recette : du vin blanc moelleux, le même montbazillac que celui qu'on boirait en entrée, et du bouillon de bœuf, concentré en le faisant frémir, qu'on verserait, toutes les demi-heures, sur le cuissot et les pommes de terre.

Julien salivait en m'aidant, remplissant aussi, régulièrement, nos verres couleur de miel. Il adorait manger mais ne savait pas cuisiner, d'ailleurs en général il ne savait pas faire grand-chose dans une maison. Pendant son service militaire, il avait même réussi à trouver un cothurne qui lui faisait son lit, en échange de quoi Julien lui écrivait, une fois par semaine, des lettres un peu cochonnes, pour sa petite amie. Ce genre d'histoire faisait peut-être partie d'une légende qu'il s'était inventée avec le temps, mais cela collait bien au personnage. Je me dis que Julien, d'une certaine manière, n'avait plus que des qualités, parce qu'il assumait tous ses défauts. Ce n'était pas le cas lorsqu'on l'avait rencontré.

À l'époque, il était même plutôt réservé, juste assez curieux pour supporter nos conneries et nous surveiller, sans y participer, c'était lui qui conduisait la voiture, qui nous raccompagnait, ivres morts, devant chez nous, lui qu'on appelait lorsqu'on finissait au poste, Guillaume et moi, bien avant qu'il ne soit avocat.

Camille avait déjà dîné lorsqu'on a vu passer l'autocar devant les fenêtres, mais, comme nous avons tous bondi de nos chaises en criant Les voilà ! Les voilà ! on n'a pas eu le cœur de l'envoyer se coucher, il allait pouvoir rester pour l'apéritif. Mais, il est vide, l'apéritif, dit-il en montrant la bouteille de muscat. C'était vrai. Julien a éclaté de rire et je suis descendu chercher deux autres bouteilles à la cave, que j'ai placées dans le congélateur.

Nous avons été un peu surpris en voyant arriver, au bout de la grande rue qui allait de la tour à l'église, dans la lumière rasante et jaune du coucher de soleil, non pas deux mais trois silhouettes noires, d'abord vacillantes, les jambes coupées par la brume de chaleur qui continuait à monter du bitume et faisait par endroits disparaître la route, trois ombres qui parurent, pendant un moment, progresser vers nous sans vraiment s'agrandir, puis devenues soudain distinctes comme sous l'effet d'un mirage, Franck, un paquet volumineux sous le bras, Alain et ce qui ressemblait de plus en plus à une femme. Elle se tenait près d'Alain qui la dépassait de deux bonnes têtes et paraissait parfois disparaître, se fondant dans sa large carrure, le temps de quelques mètres parcourus dans les flaques de lumière aveuglante dont le soleil inondait la route.

Lorsqu'ils furent parvenus à la moitié du chemin, l'éclat fut enfin suffisamment fort pour faire saillir leurs contours, les tirer du tremblement de l'air. Les couleurs de leurs vêtements apparurent et le halo charbonneux qui les enveloppait sembla glisser à leurs pieds, se changeant en une ombre s'étirant loin d'eux, à la traîne.

La fille était petite, d'origine chinoise, mignonne. Christina, dit Alain pour nous la présenter, enlevant son chapeau en nous embrassant. C'était un chapeau de paille formé comme un panama, mais de couleur bleu ciel assortie à ses jeans. Ce garçon arrivait toujours, dans un style très classique, à cultiver le détail qui le faisait basculer de la simple catégorie du bon goût à celle de l'élégance. Chrissie, c'est ainsi qu'elle s'appela elle-même, fit remarquer qu'il avait pour cela des atouts, et que le chapeau était aussi assorti à ses yeux. Elle a dit ça avec un air de gourmandise qui nous l'a tout de suite rendue sympathique : cela se voyait qu'elle l'aimait et c'était, après tout, la seule chose qui comptait chez la copine d'un vieil ami.

Nous avons laissé les valises, en plan, dans la souillarde au milieu des casseroles, paniers, bassines et nous sommes sortis, cette fois, prendre l'apéritif, le deuxième, sur la table du jardin. Je promis à Franck, avant le dîner, d'aller faire avec lui le tour de la grange où j'avais accroché, déjà, plusieurs tableaux de lui et d'autres peintres du même style, autour de l'ancienne table de billard français rachetée par mon grand-père à la préfecture. Justement, me dit-il, je t'ai rapporté, mais je savais bien ce que c'était sa surprise, enveloppée dans plusieurs couches de papier kraft, et l'on prendrait le temps, plus tard, de l'admirer. Je lui demandai seulement de quelle série venait la toile. Tu verras. Marine avait commencé à nous servir à boire. Alain s'employait déjà à trancher, dans le saucisson d'âne et l'andouille, de larges rondelles qu'il faisait glisser de la planche, dans un bol vide où nous les attrapions prestement, comme à la dérobée, avant qu'il ait fini de les débiter ainsi. Il regardait Marine en souriant et me dit que nous n'avions pas changé, que nous étions resplendissants. Bien sûr, cela voulait dire que nous avions changé et je sentis à ce compliment que j'étais heureux. Marine portait une robe qu'elle avait cousue elle-même, très légère, faite d'un assemblage de morceaux de tissus choisis pendant des semaines au fil des brocantes environnantes, rehaussés de bandelettes de dentelle et de tulle, surpiqués selon des dessins enfantins qu'elle avait décalqués dans les livres de Camille, une robe sans fermeture ni bouton, largement échancrée, qui ne tenait que suspendue, au creux de ses clavicules, par deux bretelles très fines, empruntées à un vieux soutien-gorge noir, donnant un air à la fois innocent et coquin à ses seins, petits, sans retenue, qu'on voyait naître, plus blancs que sa gorge, dans le triangle effilé de son décolleté, une robe qui lui ressemblait en somme, glissant sans cesse sur son corps frêle, sans cesse se froissant sur ses hanches, roulant sur ses fesses, se plissant, semblant s'effeuiller sur ses cuisses, comme sur le point, simple pétale, de se détacher dans le vent. Je la regardais s'asseoir à côté de moi et je me disais que son corps que je connaissais par cœur avait parfois cette grâce qui me le rendait nouveau, étranger, je me disais que l'amour avait préservé cela, que je pouvais la voir, ce soir, comme pour la première fois.

Vite, la conversation nous permit de prendre des nouvelles des amis parisiens que nous n'avions pas vus depuis notre installation, qui n'avaient pas écrit. Ils ont déménagé. Finalement, ils ont rompu. Les surprises s'expliquaient : il y a toujours une explication. Les loyers devenaient délirants. Cela faisait longtemps que ça n'allait pas entre eux. Julien l'avait senti. Franck disait qu'à New York, la situation était bien pire mais depuis plus longtemps. On ramassait les clochards, la nuit, qu'on déposait en hélicoptère, dans la campagne à cinquante kilomètres de là, pour les décourager de revenir. C'était une affaire de politique et nous parlâmes politique. Pour faire passer ses idées, le gouvernement expliquait bravement que les gens ne comprenaient pas les tenants et les aboutissants de réformes nécessaires, qu'il fallait faire confiance aux compétences de la technocratie. Mais pour faire passer ses idées, le gouvernement faisait parfois le contraire et flattait dans le peuple la discorde et l'envie avec des propos de café du commerce. Les hommes politiques passaient de plus en plus souvent à la télévision. Ils avaient des femmes de plus en plus jolies. Ils parlaient de plus en plus mal et ne faisaient que sourire. Ils avaient les dents refaites comme les seins des actrices. Julien levait son verre à tous les progrès de l'époque. On expliquait pourquoi l'on était partis, Marine racontait ça à Franck et je la coupais parfois pour rajouter un détail. Elle lui disait comment était venue l'idée de cette année sabbatique, au départ, les ennuis rencontrés dans le boulot, la fonction publique, où il était presque impossible de faire valoir ses compétences, de prendre des initiatives, où l'idée même d'une carrière, dans l'enseignement, paraissait absurde, et pourtant on ne peut pas passer quarante ans à faire la même chose, comme si la seule perspective d'un ouvrier c'était, de temps en temps, de changer d'usine. Elle disait que ça revenait au même, un système égalitaire et un système ultra-compétitif, ça broie les gens, ça règne par la terreur. En une dizaine d'années, elle avait connu la moitié des établissements scolaires les plus pourris de la région parisienne, des endroits où le turn-over des équipes de profs était plus important que celui des employés de McDonald's, elle avait été trimbalée à fond de cale dix ans, avant de se lasser. Alain nous demanda ce que nous comptions faire à présent. J'avais quitté mon travail et Marine avait pris un congé sans solde, nous avions retapé la baraque. Sans loyer à payer avec encore quelques mois de chômage et l'argent que nous avions mis de côté, nous pouvions tenir un an ou deux, après on verrait. Je ne sais pas trop pourquoi, j'ai dit que j'allais peut-être essayer d'écrire un roman, c'était une idée, comme ça, qui me trottait dans la tête depuis qu'on était ici, ça raconterait la disparition de Guillaume. Marine me regarda bizarrement, parce que je n'en avais jamais parlé. Elle souriait comme lorsque Camille découvrait un nouveau tour, ou une phrase qu'on ne lui avait pas apprise, comme si elle s'y attendait et qu'elle était fière que cela arrive.

La nuit s'avançait vite, sans qu'on s'en rendît compte, comme elle le fait dans le Sud.

Camille se frottait les yeux et alternait, perché sur les larges épaules d'Alain, les rires et les soupirs de fatigue.

On était bien.

Je n'étais pas né lorsque mon grand-père avait acheté ce billard que j'avais toujours connu là, dans la grange, à l'étage, au centre d'une pièce tout en longueur, sans cloison, traversée par des poutres de chêne massif consolidées, aux endroits où le bois se fendait sous le poids de la toiture, par de lourdes broches, des étaux de fer noir. La table était belle et extrêmement lourde. On ne pouvait imaginer comment elle était arrivée là. C'était le genre de meuble dont on peut penser que c'est la maison qui a été bâtie autour de lui. Les murs étaient épais, en pierre blanc et beige, irrégulière, nue. Le toit n'était pas isolé : des centaines de tasseaux rectilignes reliaient les poutres et soutenaient les tuiles. On y voyait une myriade de petits crochets qui avaient servi à suspendre, à l'époque du laboratoire de charcuterie, jambons et saucisses cendrés ou recouverts de graisse, qui séchaient là en permanence attendant qu'on les dépende pour les expédier, parfois, à l'autre bout de la France. Il y avait de nombreuses fenêtres, toutes très petites cependant, et dont certaines ne s'ouvraient plus, déformées par une trop longue succession d'hivers et d'étés, le bois mangé, fendillé à l'extérieur par les milliers de spires minuscules de la vigne vierge à l'assaut de la moindre aspérité, qui laissaient, lorsqu'on les arrachait, séchées comme des fossiles, partout sur la façade, des sortes de mille-pattes géants, touffus et contorsionnés. Quand nous étions arrivés quelques mois plus tôt il avait fallu d'abord nettoyer le plafond entièrement recouvert de toiles d'araignées immenses et lourdes telles des voiles, ployant sous la poussière des ans, tellement vieilles que leurs bâtisseuses étaient presque toutes mortes, recroquevillées sur elles-mêmes, blanchies, le corps desséché, translucide, dans un coin de leur toile. Peut-être certaines s'étaient-elles entre-dévorées, pendant l'hiver, quand il n'y avait plus eu de mouches. Puis nous avions traité le bois, lavé le plancher. Une tache de plusieurs mètres de circonférence, près du mur opposé à l'entrée, nous avait résisté, c'était comme une marque d'eau, la frange laissée par une infiltration qui resterait là encore vingt ans, qui ne partirait peut-être jamais. Il y avait eu dans ce coin, à l'époque de l'arrière-grand-père, un énorme tas de sel qui servait pour les jambons, une petite montagne cristalline dont la couche inférieure, jamais renouvelée, avait fini par sédimenter en quelque sorte dans le bois, le transformant en piège à humidité.

Puis nous nous étions attaqués au billard, avions poncé le plateau et les pieds pour les vernir de nouveau. Une entreprise de la ville était venue changer les bandes et le tapis, avait passé tout un après-midi à le tendre. J'avais demandé à garder l'ancien, sans trop savoir ce que je pourrais en faire. Il était constellé de petits cercles blancs, traces d'impacts mais surtout, je crois, empreintes laissées par les boules qui y demeuraient quelques mois chaque année sans rouler, cartographie minutieuse et lente, vacances après vacances, du dernier coup de la saison. Lorsque je le sortais du placard où je l'avais rangé, que je le dépliais devant moi à terre, je pouvais passer des heures à le contempler, tourner autour, compter ces ronds mal dessinés, comme autant de légers coups de tampon, plus de mille, j'y voyais des choses.

J'apercevais mon grand-père et sa couronne de cheveux blancs, ses mains aux veines proéminentes. Il me montrait comment l'index devait faire, au-dessus du majeur, une arche dans laquelle coulisserait la queue de billard, maintenue fermement par l'autre main, le plus loin possible pour que le balancier du bras soit ample et fluide, comment il fallait se positionner, à une dizaine de centimètres de la boule, calculer la trajectoire, les rebonds escomptés, répéter le mouvement plusieurs fois, dans l'axe enfin choisi, sans frapper encore, afin qu'il devienne un simple geste et qu'il soit fait abstraction de l'impact ; le libérer, alors seulement, sans force excessive, suivre du regard, la canne encore en suspens, la trajectoire, dont on sait très vite, en fait, si elle va aller au but, avec un peu d'entraînement on pourrait fermer les yeux quand la blanche est partie et dire si l'on va faire le point ; c'était tout le plaisir de ce sport de transformer une intention parfaite, purement intellectuelle, en un claquement sec de l'ivoire. Au fil des quelques années que dura mon apprentissage, il y eut aussi la façon d'appliquer, au bout de la queue sur le patin qu'on y collait, un peu de ce bleu dont les cubes se creusent, une craie qui promettait, parce qu'elle accrochait mieux la boule, de lui imprimer des effets, la traversant en un point décalé de son axe, contraignant ainsi son rebond, la forçant même, c'était possible, à revenir en arrière ou à poursuivre sa route droite ; et bien sûr, le geste devait à tout prix rester le même, l'erreur du débutant consistant à croire qu'on varierait l'effet en frappant plus ou moins fort, plus ou moins droit, en relâchant le poignet, alors que le mouvement devait avoir la régularité et la perfection d'un métronome, pour que seul un décalage de quelques millimètres au point d'impact suffise à modifier la trajectoire de façon prévisible. Faire varier le geste, c'est s'en remettre à la chance, me disait-il. Je le revoyais m'enseigner, enfin, les rudiments des nuances dans l'intensité du coup, qui permettait de conserver, dans l'agencement des boules sur le tapis, des configurations propices à l'enchaînement de séries virtuellement infinies. Il pouvait en faire ainsi dix ou quinze de suite, tournant plusieurs fois autour de la table, d'un pas sûr, s'accroupissant, prenant du recul pour mieux apprécier un alignement, suspendant devant lui, un œil fermé, sa canne à la verticale, revenant au tapis, se voûtant, dans un silence que rien n'aurait pu troubler, notre intimité. Il y avait tout cela dans ce vieux morceau de feutre. Il y avait aussi, lorsque c'était à moi de jouer, le bruit de craquement d'une allumette et des brins de tabac qui s'embrasaient dans sa pipe, l'odeur de paille et de chocolat emplissant tout à coup la pièce, les figures fantastiques découpées dans la fumée par les rais de lumière qui tombaient des fenêtres. Il y avait, non pas le son de sa voix, évidemment disparu avec lui, mais les intonations lentes et bienveillantes de sa voix lorsqu'il m'encourageait. Un petit reste, aussi, d'accent périgourdin qu'il cultivait depuis sa retraite. Il y avait les appels à table qui résonnaient dans le chemin et auxquels il répondait par un petit salut de la main, à la fenêtre, avant de rallumer sa pipe qui s'éteignait sans cesse, me disant Prends ton temps, fais ton point.

Personne ne serait monté nous chercher au billard. C'était notre lieu et les autres auraient bientôt tout leur temps.

Lui, il savait déjà, à cette époque, qu'il ne me connaîtrait jamais bien vieux.

Je racontais tout cela à Franck qui m'écoutait sans rien dire. Il avait appuyé sa toile encore empaquetée contre la table de billard, éclairée seulement par la lampe au néon suspendue à un mètre du tapis. Les murs étaient noirs et, sur celui qui n'avait pas de fenêtre, on distinguait les cadres d'autres tableaux. Il regardait la feutrine mouchetée que j'avais sortie d'une armoire, à l'aveuglette, et dépliée en partie sur la table. Il dit que c'était étonnant, toutes ces petites traces rondes, que cela ressemblait à une carte du ciel.

J'allumai la rampe qui éclairait les tableaux. J'avais déjà accroché deux toiles de Franck et une troisième qu'il avait réalisée avec un ami, Jean-Louis Fleury, dont j'avais aussi une série de cartons carrés de vingt centimètres, peints en revenant de New York, à partir de photos. On y reconnaissait, sous les interventions à l'encre et à l'acrylique, des angles de rues, des réservoirs, sur le toit des immeubles. Il me semblait que je pouvais situer les choses, que c'était des endroits que j'avais découverts avec Guillaume. Les toiles de Franck affichaient des tons ocre et orange. Sur l'une d'elles, une page de livre avait été marouflée, très légèrement froissée par la colle, reconnaissable mais illisible à cause des nappes de peinture qui avaient été, ensuite, inégalement réparties, formant autant de masses, de couches dont les transparences s'épaississaient par leur superposition, aux marges où elles se recouvraient, dessinant des figures, parcourues d'un trait de pinceau épais, un geste continu mais tremblant comme s'il était tracé à l'aveugle, d'un rouge de terre ferrugineuse, la forme d'une longue feuille de chêne qui paraissait la simple trace, mythique, d'une nature oubliée, révélée par quelque procédé d'évocation magique, à travers le lavis stratifié, minéral.

Il y a des années, lorsque avait débuté notre amitié, Franck m'a proposé de l'accompagner en Belgique, à Bruxelles où il se rendait à un vernissage. Nous avons fait un détour par Gand. Dans la cathédrale était exposé un retable gigantesque de Van Eyck, dont les volets latéraux représentaient Adam et Ève. Franck m'avait expliqué la technique du glacis. Il y avait, à la fois lointain et évident, un lien avec son travail. Sur les jambes, le ventre, les seins, le visage, la chair affleurait sous la peau translucide, d'une délicatesse extrême, pour ainsi dire vivante, à la fois lissée, figée dans une perfection inhumaine et vibrante d'une sensualité absolue. Il m'avait montré la beauté.

Accroupi près de la table du billard, il s'employait à déchirer les épaisseurs de kraft, en bandelettes et triangles qu'il laissait pendre, s'attaquant à la couche suivante, progressant vers la toile comme vers l'intérieur d'un fruit. Et puis elle apparut. Je ne vis, au début, que le noir. Il dégagea le haut du châssis, l'attrapa par la baguette et finit d'enlever, en tirant vers le bas, l'emballage. Il voulut le poser contre le mur, sous ses autres pièces, sembla réfléchir un instant en les regardant, revint finalement à la table où il l'appuya, se débarrassant du papier dont il fit une boule chiffonnée, dans un grand bruit. Je m'approchai. Lui-même observait le tableau et se forçait à ne pas surprendre mes réactions, mon regard. L'ensemble était en noir et blanc. De fins nuages frangés de blanc, grisâtres lorsqu'ils se chevauchaient, formaient dans des couches complexes de différents noirs des images spectrales, qui apparaissaient peu à peu, lorsque l'œil s'habituait à cette obscurité. Quelque chose au fond du tableau, un noir profond, luisait de façon mystérieuse. Cela dessinait une masse surmontée de traits larges et irréguliers, qui se croisaient plusieurs fois comme un arbre foudroyé. En s'approchant on pouvait voir, pris dans la boue cendrée de la couleur, les clichés de neuf centimètres sur dix d'une bande-test en noir et blanc. Je distinguais vaguement un clocher, des champs de blé blanchis par un début d'été, un soleil comme un œuf voilé dans la grisaille, les veines effacées d'un marbre, de la paille, une femme accroupie, les grains d'un chapelet, des photos disparues, dont on scrutait les bords mangés par la noirceur, fondues dans le décor.

C'est mon père, me dit-il. Enfin c'est la série sur mon père, je n'ai pas pu l'exposer. Mon galeriste à Chicago n'en a pas voulu, parce que, je ne sais pas, ça ne cadrait pas avec le reste, je crois. Finalement je l'ai gardée pour moi.

J'ai pensé que ça te ferait plaisir, me dit-il, et il me regarda pour la première fois depuis qu'il avait entrepris de la dépaqueter.

Je me replongeai dans la contemplation de la toile pour éviter son regard. Il y a une photo de lui quelque part ? Oui, et de moi aussi, mais on ne les voit plus, elles sont par là ; et il montrait une zone où les voiles gris se condensaient, s'entrechoquaient, évoquaient vaguement un escargot, une lune ou un crâne. Cela le fit rire.

Il y a toujours des choses qu'on aimerait effacer, des trucs à se faire pardonner.

Avant de quitter le billard, j'ai replié le vieux tapis de feutre, l'ai remis à sa place, dans l'armoire, seul meuble de la pièce, où j'avais rangé les restes, comme des trophées, de tous les gens qui avaient vécu là : des albums de photos, des diplômes roulés dans des tubes en carton, des lettres attachées en liasses avec des rubans ou de simples ficelles, une maquette d'avion, des plans d'architecture, des carnets d'écolier et des relevés de notes de l'école professionnelle, à Périgueux, des agendas journaliers noircis par deux ou trois écritures différentes, tout ce que j'avais retrouvé dans les tiroirs, sur les bureaux, les souvenirs encadrés qui traînaient sur les rayonnages de la bibliothèque, des bandes magnétiques, à quatre pistes, qu'il faudrait repiquer dans un studio d'enregistrement, sur cassettes ou sur disques, pour savoir ce qu'il y a dessus, des choses plus récentes aussi, un châle blanc, brodé, le journal du voyage en Espagne, que ma mère avait rédigé à notre retour, il y avait même des clichés de moi, jusqu'à l'adolescence, qu'elle avait légendés, au dos, avec la date et le nom des gens m'entourant, dont je n'avais parfois aucune mémoire. Et parmi les agendas, des années manquantes ; aux lettres, pas de réponses ; entre chaque photo, des pans entiers de vies qui ne laissèrent aucune trace.

Julien avait rapporté de la cave un panier entier de bouteilles de vin qu'il avait choisies avec soin, des vins tanniques, disait-il, au goût plein de saveurs de terre et de soleil, des vins âpres qui ne laisseraient pas le palais se faire emporter par la viande et son jus de sang et d'ail. Des vins qui font les lèvres bleues. Il en a aussitôt ouvert trois bouteilles.

Alain portait fièrement à table le cuissot, souriant comme un ogre qui aurait enfin réussi à cuire le Petit Poucet. Moi, je caressais la nuque de Marine en m'enroulant les doigts dans ses cheveux fins, remontant le long d'un trident de duvet, je m'emplissais de la sensation de cette petite volupté volée à l'assistance, geste apparemment machinal, le regard envolé vers les papillons de nuit qui se cognaient à la lampe avec opiniâtreté, quelque part au-dessus de la table, dans les branches arrondies du noisetier, mes doigts savourant seuls et comme indépendants le moment d'érotisme furtif, imperceptible, qui me faisait frissonner le cœur lorsqu'elle les coinçait pendant quelques secondes en rejetant la tête en arrière, ne pouvant m'empêcher de sourire, alors, devant les chocs maladroits des insectes, le bruissement des feuilles, les étoiles, me laissant peu à peu glisser dans l'engourdissement de l'ivresse, écoutant, vaguement, des uns et des autres, la conversation, comme les rumeurs d'une époque dont je me serais retiré.

Au début c'était assez structuré. Alain expliquait quelque chose à propos des analystes financiers qui dictaient les politiques des pays riches. Il disait Lorsque Einstein a compris les implications de ses découvertes, il a introduit une constante cosmologique dans sa théorie de la relativité, pour que la science demeure le domaine des certitudes, même temporaires. Mais les physiciens qui sont venus ensuite ont bien vu qu'on venait d'ouvrir la porte au hasard, aux probabilités, au chaos. Au XXe siècle – cela fait presque cent ans –, c'était dans les années vingt, la physique a renoncé à sa prétention d'infaillibilité. C'est tout de même curieux que le nouveau champ des mathématiques appliquées soit l'économie ; qu'on cherche à faire de l'activité humaine quelque chose de prévisible, exactement au moment où l'on découvre que même la matière est imprévisible. C'est une réaction, une peur obscurantiste et fasciste. On lit le *Financial Times* comme, au XVe siècle, on faisait venir Nostradamus à la Cour, avec sa bibliothèque et ses calculs de demi-savant sur le mouvement des planètes ; c'est une honte ! Oui, qu'on les pende ! qu'on brûle les sorcières ! Julien ne ratait aucune occasion de lever son verre. Il remplissait le mien, celui d'Alain qui s'échauffait, me faisait un clin d'œil comme au Primorski six ans plus tôt.

Je ne sais pas pourquoi j'ai repensé à ça. Je me suis demandé s'il avait revu Nicola. Mais avant de lui poser la question, je suis allé aux toilettes. En m'éloignant, dans le jardin désormais noir de nuit, j'entendais leurs éclats de voix, leurs propos qui dérivaient sans logique. Il faut manger moins gras, moins sucré, il faut arrêter de fumer, ils nous emmerdent ! Au moindre écart, tu as l'impression que tu vas te réveiller obèse, diabétique, cardiaque et cancéreux. Même les végétariens musclés finissent par mourir ! Ils meurent de vieillesse, de fatigue, d'usure, c'est horrible, ça dure des dizaines d'années, à la fin ils ne sont plus qu'une bouche, édentée, desséchée, ouverte en un grand cri muet pour appeler la mort, avec des petites boules de bave durcie aux coins des lèvres, ils ont passé leur vie à se faire chier et, en plus, elle a duré deux fois plus longtemps. Et encore la voix de Julien : C'est bien fait ! Mort aux tièdes ! Et encore des rires, et de nouveaux sujets d'invectives, que je n'entendais plus.

C'est un état que j'aimais parce que je le connaissais bien, ce sont des sensations qu'on reconnaît la première fois où l'on s'isole, en pissant, dans une soirée où l'on boit trop, le moment où la conscience est encore juste suffisamment lucide pour analyser les mouvements du corps qui commence à vous échapper, une légère tendance à vaciller, d'avant en arrière, due à une perte d'équilibre, des jambes moins fermes et moins raides, qui vous portent avec des roulis élastiques, les yeux qui commencent à se fermer comme ceux d'un myope pour se concentrer. Quand on se connaît bien, on peut même repérer le moment où l'un des deux yeux, seulement, amorce le naufrage, la paupière tombe, se fait lourde au bord extérieur, le sourcil se lève pour contrarier mollement cette déclinaison, la pupille s'agrandit, cherche à voir, l'iris semble s'éclaircir, le cerne se fendille de plis tressautants, tiraillé par des nerfs minuscules. On s'invente des petits jeux. Sur le mur des toilettes, on fixe une fissure ou une tache ancienne, on en approche la tête, on la recule, on l'effleure du bout des doigts et c'est l'instant où l'on allait vaciller. Alors on pose la main bien à plat sur le mur, on s'y arc-boute en continuant de pisser, profitant de cette stabilité nouvelle pour jeter le regard ailleurs et l'empêcher de se voiler, fermer un œil, puis l'autre, comme à la visite médicale, fermer les yeux et sentir, dans son corps globalement immobile, les milliers de tensions qui vous poussent, qui vous tirent de tous les côtés comme si c'était partout le vide, et les rouvrir au bord du vertige, juste avant de tomber, encore suffisamment lucide, prenant conscience du glissement du corps. Souffler un gros soupir en refermant sa braguette, s'ébrouant comme un parachutiste qui a vérifié une dernière fois son sac, s'est levé, attend quelques secondes que la lumière passe au vert. Allez ! Allez ! Allez ! On y retourne, on plonge.

Sur le chemin, à la rencontre des autres, on pense qu'on est heureux, que c'est la première ruse de l'ivresse ; qu'on pourrait tenter la chute libre, s'en mettre plein la tête ; que l'amitié s'est conservée dans l'alcool ; que c'est un vrai moment, que le plus dur sera de s'en souvenir ; que je pourrais mourir.

Avançant dans la nuit du décor vers la table seule illuminée d'où grossissaient de nouveaux rires et des exclamations, je me disais C'est une nuit comme celle-là qu'il est parti, nous offrant un banquet pour nous faire ses adieux, Guillaume, mon adolescence. Et ma mère aussi. Je marmonnais Mais où étais-je, la nuit où elle est morte ? Est-ce que toujours nous dormons, est-ce que nous sommes ivres, lorsque les choses arrivent ? Et puis je me tus, sans réponse, alors que je m'approchais.

Marine est venue à ma rencontre, m'a embrassé, m'a regardé dans les yeux. Elle vérifiait que j'étais déjà gris, que tout allait bien. Puis elle est allée à la cuisine, chercher de quoi faire des gin-tonics pour le dessert.

Julien m'observait avancer avec un air goguenard. Il ne devait pas voir grand-chose, parce qu'il venait d'enlever ses lunettes. En les essuyant avec le bord de la nappe, il disait que l'alcool n'était pas le même lorsqu'on était habitué à voir flou. J'ai tiré ma chaise pour m'asseoir en bout de table, à côté de lui. On est plus fatigué qu'avant, n'est-ce pas ? Il se passait la main sur le visage et se chiffonnait les pommettes, les paupières, les sourcils, pour se détendre, comme s'il enlevait un masque ou un maquillage épais, continuant de sourire. Il dit On ne peut plus s'arrêter, maintenant, soit on se couche tout de suite, un pied hors du lit, à terre, la fenêtre ouverte, les yeux fixes comme un poisson mort, pour empêcher le plafond de se mettre à tourner, soit on passe le cap, on continue, on engage une espèce de lutte. C'est le moment où le vin devient ambigu comme le vent des tempêtes maritimes. Il va nous faire voler, nous sortir de là mais en nous brisant. Marine est allée chercher du gin et de la limonade.

Tu as revu Nicola ?

Je savais que Julien était retourné à New York. Il avait prévenu Kim qui lui avait répondu qu'elle ne serait pas là au moment où il y irait. Il avait pensé qu'elle lui avait dit ça pour ne pas le blesser, qu'en fait elle ne voulait pas le voir, parce que cela lui rappelait trop Guillaume. Les lettres et les rares coups de téléphone entretenaient un vieux lien, qui ne tenait plus que par une sorte de fidélité au passé. C'était ce même passé pourtant qui faisait qu'on n'avait plus que cela en commun, qu'il n'y avait plus lieu de le partager.

Que lui aurais-je dit, si je l'avais revue ? demandait Julien. Elle avait eu raison. C'est comme ça. Et quant à Nicola, c'est lui qui n'avait rien fait pour la revoir lorsqu'il était retourné là-bas.

Il prétendait ne pas se souvenir de la nuit qu'ils avaient passée ensemble, après le Primorski, ou seulement de quelques détails, qu'elle n'avait pas enlevé la myriade de bracelets argentés qui recouvraient son avant-bras, que cela lui avait donné une façon étrange et unique d'être nue ; qu'elle s'était déshabillée immédiatement lorsqu'ils étaient arrivés chez elle ; qu'elle n'avait pas allumé la lumière ; qu'elle avait tenu à prendre ce dernier verre qui n'était qu'un prétexte, un cocktail avec du cognac, du Cointreau et du Coca-Cola, tous les deux à poil dans les fauteuils du salon, se connaissant à peine, sirotant à la paille ce truc gazeux et frais sans oser regarder vraiment le corps de l'autre ; que c'était véritablement un moment curieux ; qu'elle l'avait attiré contre elle, debout, lui un peu raide et gêné, qu'elle l'avait embrassé, avait saisi ses mains pour les promener, elle-même, sur ses seins, entre ses jambes ; mais qu'ensuite lorsqu'elle l'avait entraîné dans sa chambre, non, il ne se souvenait plus de rien ; ses bracelets faisaient du bruit ; elle l'avait regardé tout le temps. C'était une fille étonnante, mais ce n'était pas le bon mot, c'était une soirée presque dérangeante et, là encore, Julien chercha à rectifier : déconcertante, mais c'était bien, enfin, c'était vraiment bizarre.

Alain demanda des détails, parce qu'il ne connaissait pas l'aventure. Marine revenait avec le panier, chargé de nouvelles bouteilles longues et bleues et de verres à orangeade, qui semblaient scintiller dans la lumière de la lune comme des saphirs très pâles, c'était un gin anglais un peu spécial dont les baies n'étaient pas macérées mais traversées par l'alcool sous forme de vapeur, pendant la distillation.

On fit de la place sur la table. On allait reparler du Primorski.

Le cadre d'abord, et, pour présenter le décor à Alain, la première chose qui vint à l'esprit de Julien ce fut la photo du patron penché sur son pâté de poisson démesuré, une vision écœurante, le plat, en noir et blanc, tranché à la moitié, dans la largeur, pour faire apparaître, en coupe, la farce dans la brioche, faisant penser à quelque chirurgien posant, fier, devant une belle réduction qu'il vient de pratiquer, d'une jambe emportée par la gangrène. La salle, immense et sans fenêtre, dont Franck retrouvait méticuleusement l'agencement, la disposition des tables, l'emplacement des lustres. Peu à peu, nous retrouvions le nom des plats, borchtch, koulibiac, et nous voyions se dérouler sous nos yeux la longue liste du menu gastronomique que Kim avait commandé pour nous tous.

Des détails différaient dans nos mémoires.

Franck n'avait pas remarqué la deuxième montre en or massif du patron, l'allure mafieuse d'un si grand nombre de costumes à rayures et de rangs de perles, dans une des parties les plus pauvres de la ville. Cela, c'était Julien qui l'avançait. Il étayait sa thèse avec des considérations sur l'histoire du quartier, depuis la chute du bloc communiste, la façon dont les nouveaux Russes avaient chassé les gangs et la police à coups de mitraillette. Il disait que des types qui avaient développé leurs affaires pendant des dizaines d'années, en échappant au goulag, à la torture et au KGB, ne pouvaient que se marrer en voyant qu'à l'Ouest les flics eux-mêmes appellent ton avocat dès la première heure de garde à vue; ils ont tout bouffé à Little Odessa, parce qu'ils n'avaient pas peur d'être vraiment méchants.

Alain secouait la tête en rigolant. Cette histoire lui plaisait; il aurait voulu être là. Il servait, à qui lui faisait un signe ou un clin d'œil, avec un empressement enfantin, un gin-tonic aux proportions inversées, dans les grands verres à orangeade que Marine avait rapportés, continuant d'écouter avec avidité ce récit de vodka en pichets et de chanteuse en pull-over. Ils avaient tous oublié son nom. Je ne sais pas si Alain parvenait à se faire une idée à peu près nette de la soirée que nous avions passée là-bas des années plus tôt, mais sans doute il pouvait se représenter quelques scènes. Même Chrissie, qui s'endormait en nous écoutant, souriait parfois comme si elle nous imaginait. Chacun avait gardé des images en tête, comme d'un rêve sans parole et sans suite. Elles venaient s'amonceler sur notre table de jardin perdue dans la nuit.

Il y avait eu la main de Julien, qui s'était levée à la hauteur du visage de Nicola et avait effleuré sa mâchoire, l'avait suivie jusqu'à son cou où elle avait plongé, sous la masse de cheveux noirs, pour les rejeter derrière son épaule, puis elle était restée là, longtemps. Son index avait caressé une ligne imaginaire sur sa peau blanche, de la naissance de l'oreille à la clavicule, revenant en arc de cercle jusqu'à son cou, s'égarant parfois sur la partie visible de sa poitrine, déclenchant alors un mouvement imperceptible des lèvres et du regard. Il y avait eu les yeux de Kim, qui s'étaient agrandis pour pleurer. Ils étaient brillants et noirs et, pendant cet instant, arrondis comme s'ils s'étaient gonflés, qu'ils allaient céder tout d'un coup, comme si les pleurs étaient une vague qui montait de quelque océan profond qu'on a dans le cœur. Il y avait eu sa main droite, qu'à l'américaine elle laissait reposer sur sa serviette et non sur la table, lorsqu'elle mangeait. Cette main, Marine s'en souvenait, plusieurs fois elle l'avait posée sur son ventre, à plat, non pas comme si elle avait eu mal mais d'une façon naturelle, irréfléchie, comme un geste archaïque que ne voient que les femmes entre elles, un geste de réconfort, de protection, la main à peine appuyée du pouce et de la paume, les autres doigts relâchés, tombant, légèrement écartés, enveloppant sous le sternum un ventre pourtant encore plat. Marine l'avait vue faire plusieurs fois et Kim ne semblait même pas s'en être aperçue elle-même. Il y avait eu un verre, levé, de couleur rose, qu'il fallait boire d'un trait. Le palais se craquelait sous son passage comme les pierres se fendent au dégel. Il y avait eu les seins magnifiques de la chanteuse qui tremblaient lorsqu'elle attaquait chaque nouvelle note. Les lèvres rouges de Marine avaient glissé sous les cheveux de Kim et l'avaient embrassée avant de murmurer à son oreille, on ne savait quoi. Des limousines noires attendaient, alignées devant le restaurant. Les chauffeurs mangeaient des sandwiches au pastrami achetés un peu plus loin, vers la plage. Kim nous avait regardés boire et dire que rien n'avait d'importance. Ses yeux s'étaient agrandis comme des puits, d'où étaient remontés de petits seaux de larmes. Julien avait pensé à Guillaume quand le cosaque était mort. Franck dit que lui aussi, que ce fut comme une sorte de pressentiment.

Je ne sais pas où ils sont allés chercher ça.

Moi, je n'avais pensé à rien. Je savais tout depuis le début.

Un verre s'était cassé en tombant, vers le fond de la salle. Kim était au téléphone, lorsque le vieux est mort, ses lèvres remuaient près du combiné, parfois elles le touchaient. Ses lèvres avaient laissé sur le répondeur, à l'appartement, des messages que personne n'a jamais écoutés. Pourtant elles étaient belles. Quand elles bougeaient on pouvait voir qu'elles étaient humides, à cause des sanglots. Kim avait mis ses cheveux dans les cheveux de Marine et sa bouche dans son épaule. À un moment, elle n'avait plus fait que pleurer. Ils avaient étendu le vieux sur une table et ils lui avaient couvert le visage avec une serviette. Sa tête chauve était luisante, elle avait pâli très vite. Son pantalon remontait un peu au-dessus de ses chaussettes comme s'il était trop court, parce qu'ils l'avaient attrapé par les pieds, on voyait la moitié du tibia de ses jambes imberbes, osseuses et plus blanches encore que son crâne. Julien avait joué avec les bracelets de Nicola, il les avait fait glisser le long de son avant-bras, les avait regardés s'entrechoquer et se mélanger, passer les uns sous les autres comme dans un casse-tête où les anneaux se libèrent par magie. Marine avait fait appeler un taxi pour raccompagner Kim, pour ne pas la laisser seule ; et je ne les avais pas vues partir. Il n'y avait plus grand monde, Franck avait pensé Pauvre Kim. Je suis rentré avec lui et nous avons trouvé un bar dans le coin de Saint Mark. Nous avons parlé de Guillaume et je ne lui ai rien dit, d'ailleurs je n'ai rien dit à personne pendant six ans. C'est toujours trop tard quand on parle. Il était parti.

Alain a bu une gorgée de gin-tonic et il est resté en suspens, le verre devant les lèvres, parce que tout le monde s'était arrêté de parler. Julien ne me regardait pas. Il était penché sur la table, ses deux coudes bien plantés, il faisait osciller son verre dans ses mains, doucement, pour ne pas le laisser s'échapper. Il s'est tourné vers moi mais n'a pas levé les yeux, regardait ma chemise, mes mains à moi qui s'énervaient sur un paquet de cigarettes vide. Il fronçait les sourcils, cherchait à comprendre. Marine m'observait avec stupéfaction. Elle aurait voulu changer de sujet de conversation, faire n'importe quoi, demander si quelqu'un reprendrait du dessert, si nous n'avions pas froid, suggérer qu'il était l'heure de rentrer et qu'on pourrait même prendre, pourquoi pas, un armagnac à la cuisine pour se laisser le temps de trouver autre chose à dire, mais elle n'avait plus les idées assez claires et elle restait là, comme Alain, comme Julien, comme tout le monde et même moi, suspendus dans le silence et la nuit, attendant que quelque chose de terrible sorte de ma bouche.

J'avais du mal à articuler, j'étais cuit. Je faisais traîner les syllabes de mes mots comme une écriture de médecin où l'on ne reconnaît que les consonnes qui dépassent, les *t*, les *l* et les voyelles sur lesquelles mon débit empâté, maladroit, s'accélérait brutalement.

J'étais consterné. J'avais tout gâché.

À New York, j'étais au courant.

Guillaume m'avait écrit, quelques semaines avant la soirée au Primorski. Il racontait ses problèmes de boulot, d'argent, il disait qu'il ne s'aimait plus, qu'il ne s'aimait pas comme ça, enfin ce qu'il était devenu, très loin, là-bas, de son enfance heureuse, il ne blâmait pas Kim mais il écrivait que c'était difficile, dans ces conditions, de l'aimer, de croire en eux, qu'il ne croyait plus en lui. Et puis elle était enceinte. Il avait décidé d'en finir. Il me demandait de ne rien dire.

La lettre dans laquelle Guillaume dit qu'il partait vivre à Rome, c'est moi qui l'avais écrite, j'avais imité son écriture. Deux ans après. Parce qu'il me manquait.

Julien ne parlait toujours pas. Il aurait pu se lever et m'étrangler, là, mais il manquait de force et d'envie. Il fixait un point sur la table, il essayait de mettre bout à bout les éléments qu'il connaissait, peut-être se rappelait-il un souvenir particulier, une nuit, avec Guillaume et moi, quand nous étions adolescents, qu'il conduisait au petit matin, vers la mer, à tombeau ouvert, la voiture de ses parents, parce que nous avions décidé que le jour ne pouvait pas se lever sur la ville. On roulait pendant peut-être deux ou trois heures. La mer n'était pas si loin quand on allait vite. Nous passions une bonne partie de la nuit à descendre, sur les quais, toutes les bouteilles de bière qu'on pouvait ranger dans un grand sac de voyage, des bouteilles d'un litre à bouchons en plastique vert ou rouge, une bière à peine gazeuse et de plus en plus insipide, qui moussait dans la bouche comme une écume amère, si légère que nous la pissions, dans le fleuve, au fur et à mesure sans être jamais malades, pourtant à la fin, lorsque nous prenions la voiture, Guillaume et moi nous étions ivres morts et nous ouvrions les fenêtres en grand, pendant tout le trajet. Nous plissions les yeux dans le vent et nous fumions des clopes dont les braises éclataient parfois et tourbillonnaient dans l'habitacle. Nous étions obligés de crier pour nous entendre. J'étais à l'avant, à côté de Julien, je regardais foncer sur nous les nappes de brume du bocage et, à l'horizon, les nuages bas et blancs de l'aurore, je me répétais que j'étais à la place du mort, tentant de m'imaginer, à chaque virage, à chaque sommet de côte, la longue glissade et le choc que ce pourrait être, d'avoir là un accident qui nous surprendrait plus qu'il ne nous ferait peur, les étincelles et le bruit assourdissant de la tôle, l'éclatement du pare-brise contre mon front, le fer et le plastique qui viendraient me briser les jambes et s'enfoncer dans mes côtes et, sans avoir eu le temps d'y penser, le noir soudain et plus rien, lorsque tout cela finirait par faire exploser mon cœur.

Nous n'avons jamais eu d'accident.

C'est ma mère qui est morte, à la faveur d'une de ces nuits, le corps gonflé qui prenait l'eau de toutes parts, les yeux absentés déjà, les mains tordues, les organes poreux dévorés de l'intérieur qui se bousculaient les uns contre les autres, tordaient ses os de douleur, la recroquevillant, la roulant sur elle-même, comme un sac de couchage, pour s'en aller camper ailleurs. Elle est morte pendant des semaines et des mois, à l'hôpital, toutes les nuits où nous roulions à tombeau ouvert, Guillaume, Julien et moi, Guillaume qui me faisait boire et m'allumait mes cigarettes dans le vent de la vitesse, et Julien, qui nous conduisait, quelques heures en cavale de la mort, jusqu'à ce qu'une nuit cela arrive, sans qu'on le sache, avant notre retour. De la mort de ma mère, personne, pas même elle, n'avait pu me prévenir, m'y préparer, m'en prémunir.

Peut-être que c'est à tout cela que pensait Julien, cet oubli qu'ils m'avaient offert, cette dette. Que nous pouvions être chacun la tombe des autres, en quelque sorte.

C'est Alain qui me demanda pourquoi j'étais allé à Rome, puisque c'est moi qui avais fait la lettre. Je ne savais plus très bien. Pour que l'histoire se termine, peut-être pour me prendre au jeu comme tout le monde. C'était allé trop vite. Kim avait pratiquement foutu sa vie en l'air. J'avais les parents au téléphone, les frères de Guillaume, toutes les semaines. Il fallait que l'histoire se termine et, pour cela, il fallait qu'elle continue un peu, que je me donne une occasion, peut-être, d'aller l'enterrer là-bas, après tout c'était mon ami. C'est ce que je me suis dit, je crois.

Avant de nous séparer le dimanche soir, Julien me demanda si je comptais vraiment écrire ce roman, sur Guillaume, enfin si je dirais ce qui s'était passé, si je garderais les noms. Tu sais bien, juste les prénoms. Oui, j'ai déjà commencé. Julien sourit. Et puis, le fait de l'avoir su, avant que cela n'arrive, c'est comme un écrivain en somme, qui connaît la fin de l'histoire mais qui se donne le temps d'y arriver, des fois qu'il y ait des surprises, que les personnages, tout à coup, aient une autre chance, ce sont des choses qui n'arrivent pas dans la vie. Je ne dirais pas tout de suite que j'étais au courant. Je le retrouverais, même absent, sur la plage de Coney Island, dans les ruines à Rome ou dans les églises, j'apprendrais peut-être à prier, qui sait, je le ferais revivre un peu, dans les sourires de Julien ou les paysages que je traverserais avec son ombre, dans mes souvenirs et les tableaux de Franck, peut-être même que rien n'arriverait, ce serait bien.

Au fond c'était écrit, déjà, dans les cartes du ciel de notre enfance. Il suffirait de choisir les étoiles, et le bon dessin.

La nuit arrivait par l'est.

Ce sont des choses qu'on ne peut voir qu'à la campagne, parce que l'horizon, là, fait vraiment le tour du monde. Quand le soleil a plongé depuis longtemps, du côté de la tour, quelque part sous le granit rose et le sable, ce coin de ciel blanchit, il devient si pâle qu'on ne pourrait même plus dire qu'il est bleu, alors qu'à l'opposé, déjà presque noir, l'obscurité progresse et semble s'épaissir, le dégradé, le long de la voûte, se faisant infiniment subtil, indiscernable et pourtant, selon le point que l'on observe, il fait encore vraiment jour ou c'est déjà vraiment la nuit, la palette entière de couleurs entre les deux devenant trop riche alors pour n'être qu'une succession de nuances, et l'on dirait, plutôt, une série de voiles, qui auraient chacun la transparence de l'air, mais qui seraient si nombreux qu'ils boiraient la lumière, comme des ombres qu'on ajouterait aux ombres et qui finiraient par avoir une densité, une profondeur.

C'était l'heure grise où les vieilles femmes se souviennent de leurs morts, avant de fermer leurs volets.

C'était l'heure où l'on peut penser que Dieu hésite encore à créer le monde, le temps suspendu où les ténèbres ne sont pas encore séparées de la lumière. Après, la Bible dit, dans la Genèse : Il y eut un soir, il y eut un matin, premier jour. Nous étions à l'heure où, chaque soir, le premier jour est encore à venir.

Puis les étoiles s'allument et, plus le ciel est noir, plus elles sont brillantes et nombreuses, jusqu'à ce qu'on ne puisse plus les compter.

Parmi les premières sectes chrétiennes, il y en avait une qui prétendait que notre univers n'était qu'une erreur, un monde clos, à jamais séparé de Dieu. Observant les astres criblant le ciel noir de nuit, ces hommes y voyaient des trous minuscules et ironiques, par lesquels entrait, rayonnante, la lumière de l'autre ciel, où nous n'irions jamais.

COMPOSITION : PAO EDITIONS DU SEUIL

GROUPE CPI

Achevé d'imprimer en juin 2005
par **BUSSIÈRE**
à Saint-Amand-Montrond (Cher)
N° d'édition : 79883. - N° d'impression : 052237/1.
Dépôt légal : août 2005.
Imprimé en France